PILLINGER / MINČEV / GEORGIEV

EIN FRÜHCHRISTLICHES GRABMAL MIT WANDMALEREI BEI OSSENOVO (BEZIRK VARNA/BULGARIEN)

ÖSTERREICHISCHE AKADEMIE DER WISSENSCHAFTEN

SCHRIFTEN DER BALKAN-KOMMISSION
ANTIQUARISCHE ABTEILUNG NR. 17
HERAUSGEGEBEN VON HERMANN VETTERS

RENATE PILLINGER ALEXANDĂR MINČEV PETKO GEORGIEV

EIN FRÜHCHRISTLICHES GRABMAL MIT WANDMALEREI BEI OSSENOVO

(BEZIRK VARNA/BULGARIEN)

Mit
27 Schwarzweiß- und 27 Farbabbildungen
sowie 3 Falttafeln

VERLAG DER ÖSTERREICHISCHEN AKADEMIE DER WISSENSCHAFTEN
WIEN 1989

Vorgelegt von Vizepräsident Hermann VETTERS in der Sitzung am 12. Oktober 1988

Gedruckt mit Unterstützung durch den
Fonds zur Förderung der wissenschaftlichen Forschung

— ISBN 3 7001 1658-6

Herstellung: Druckerei G. Grasl, 2540 Bad Vöslau

INHALTSVERZEICHNIS

VORWORT

Gleich an den Beginn gestellt seien einige Worte aufrichtigen Dankes vor allem an die Österreichische und die Bulgarische Akademie der Wissenschaften, ohne deren zwischenstaatliches Abkommen die zahlreichen Aufenthalte der Verfasserin in Bulgarien[1] wohl gar nicht möglich gewesen wären. Dazu kam die hilfreiche Unterstützung von Seiten der Antiquarischen Abteilung der Balkankommission[2] und ihrem Obmann, meinem verehrten Lehrer und derzeitigen Vizepräsidenten der Österreichischen Akademie der Wissenschaften, H. Vetters. Zum tatsächlichen Gelingen des Unternehmens haben allerdings auch noch viele andere, darunter besonders P. Kolev und das Bulgarische Forschungsinstitut in Wien[3] sowie etliche Fachkollegen in Bulgarien selbst mitgeholfen. Stellvertretend für sie alle möchte ich hier bloß die Direktion des Historischen Kunstmuseums in Varna und V. Velkov nennen, der mir immer eine seiner besten Mitarbeiterinnen, nämlich V. Gerassimova-Tomova zur Begleitung mitgab. Sie hat stets — oft unter Hintanstellung ihrer eigenen Interessen — meine Vorhaben mit ganzen Kräften unterstützt. Ähnlich nahm mich der Herderpreisträger des Jahres 1979, Hr. M. Danov auf. Ihm verdanke ich nicht nur Thrakologie-, sondern auch meine für das gesamte Vorhaben unserer Balkankommission höchst nützlichen Bulgarischkenntnisse. Diese ermöglichten erst den eigentlichen wissenschaftlichen Kontakt mit den bulgarischen Kollegen, der in der vorliegenden Arbeit seine erste größere Frucht bringt.

Vorgelegt wurde die Studie von w. M. H. Vetters, dem hiermit nochmals herzlichst gedankt sei, ebenso wie dem Zweitbegutachter k. M. O. Kresten und w. M. H. Fillitz, der die kunsthistorische Kontrolle übernahm, weiters dem Verlag (namentlich G. Trummer) und der Druckerei G. Grasl.

---

[1] In der Zeit vom 6.—24. 10. 1980, 12.—29. 6. 1981, 13 9.—1. 10. 1982, 10.—26. 9. 1983, 17.—28. 9. 1984, 9.—23. 6. 1986 und 21. 9.—3. 10. 1987.

[2] Zu ihren Aktivitäten siehe R. Pillinger, Historisch-archäologische Forschungen in Bulgarien 1980—1982, *AnzWien* 120 (1983) 3—23.

[3] Mit dem die Balkankommission bereits zwei Symposia veranstaltet hat.

EINLEITUNG

In der vorliegenden Studie soll[4] nach einer allgemeinen topographischen Einleitung von A. MINČEV, die auch den nötigen historischen Hintergrund liefert, eine möglichst detaillierte Beschreibung des zu behandelnden Grabmals durch P. GEORGIEV vorgelegt werden, um damit schließlich nicht nur Einblick in die technischen Fähigkeiten seiner Erbauer, sondern auch in die Lebensumstände ihrer Zeit sowie die religiösen und kultischen Vorstellungen und deren Verhältnis zur lokalen Tradition zu gewinnen. Darauf folgen eine erste Deutung der vorgelegten Fakten sowie Indices von R. PILLINGER.

---

[4] Wie etwa auch bei R. KÖHLER, *Untersuchungen zu Grabkomplexen der älteren römischen Kaiserzeit in Böhmen unter Aspekten der religiösen und sozialen Gliederung*, Neumünster 1975 (*Göttinger Schriften zur Vor- und Frühgeschichte* 13 = Diss. Göttingen 1972).

TOPOGRAPHIE UND GESCHICHTE

Ossenovo, ein kleines Dorf mit 457 Häusern liegt an der bulgarischen Schwarzmeerküste ungefähr 3,5 km landeinwärts am südlichen Hang des Batovatales zu beiden Seiten des Ossenovoflusses, der dann nach der Vereinigung mit anderen Wasserläufen Kranevofluß heißt — 15 km (Luftlinie) nordöstlich von Varna, dem antiken Odessos (Abb. 1 und 2).

1864 von Tscherkessen inmitten dichter Urwälder als Azizie[5] gegründet und 1878 durch aus der Gegend von Adrianopel kommende Bulgaren in Dišpudak[6] umbenannt, trägt es seit 14. 8. 1934[7] seinen heutigen Namen. Auch diesen erhielt es laut Auskunft der Einheimischen nach der dort sehr häufigen und vorwiegend auf Kalkboden wachsenden Esche, deren bulgarische Bezeichnung óсен [Óssen] = я́сен [Jássen] wohl unzweifelhaft auf das indogermanische Wort *ǒsen[8] zurückzuführen ist. Damit heißt der Ort, wie schon K. Ireček[9] vermutet, eigentlich Осеново ‹село› (Eschendorf) und stellt ein αἴτιον dar, welches auch die Betonung des heutigen Namens (auf der ersten Silbe: Óssenovo) noch zu bestätigen scheint. Überhaupt handelt es sich bei dieser Gegend um sehr fruchtbares Land, welches bereits seit langem bewohnt ist, wie die zwei kupferzeitlichen Steinäxte aus der Umgebung des heutigen Dorfes bezeugen[10]. Leider konnte die zugehörige prähistorische Siedlung bislang nicht lokalisiert werden — weshalb man annimmt, daß spätere Straten sie zerstörten.

Jedoch fehlen auch über eine etwaige thrakische Präsenz sichere Daten. Lediglich einige Kleinfunde aus der Gegend Kamarata, zwei Kilometer südlich von Ossenovo, legen sie nahe. Fand man doch dort einen Bronzebeschlag (von einem Pferdegeschirr) in Gestalt eines Greifenkopfes und drei bronzene Fibeln thrakischen Typs aus dem 5.—4. Jh. v. Chr.[11]. Besonders interessant ist ferner eine Bronzemünze (der gleichen

---

[5] Dies ist eine vor allem in der Türkei häufig belegbare Personen- bzw. Ortsbezeichnung, die sich — ähnlich wie Hamidie — auf den gleichnamigen Sultan (Aziz, 1830—1876) zurückführen läßt.

[6] Was wieder türkisch ist und soviel wie Mannaesche heißt, womit ein αἴτιον durch das häufige Vorkommen dieses Baumes ebendort vorliegt.

[7] So П. Коледаров [P. Koledarov] — Н. Мичев [N. Mičev], *Промените в имената и статута на селищата в България 1878—1972* [Die Veränderungen in den Namen und im Statut der Orte in Bulgarien 1878—1972], София 1973, 188 s. v.

[8] Dazu siehe etwa G. Drosdowski - P. Grebe u. a., *Duden 7: Etymologie. Herkunftswörterbuch der deutschen Sprache*, Mannheim - Wien - Zürich 1963, 144 s. v. Esche.

[9] *Česty po Bulharsku* [Reise durch Bulgarien], Praha 1888 — benützt in einer bulgarischen Übersetzung, София 1974, 895.

[10] Vgl. В. Миков [V. Mikov], *Предисторически селища и находки в България* [Prähistorische Siedlungen und Funde in Bulgarien], София 1933 (*Материяли за археологическата карта на България* [Materialien für die archäologische Karte Bulgariens] 7) 40,37 und А. Маргос [A. Margos], *Праисторически оръдия на труда от Варненско* [Prähistorische Arbeitsgeräte aus dem Bezirk Varna], *ИВАД* [IVAD] 12 (1961) 125f.

[11] Alle diese Funde sind unpubliziert und derzeit im Historischen Kunstmuseum von Varna unter Inv. II 6866 (Beschlag); II 3837, II 6899, II 6900 (Fibeln) aufbewahrt.

Zeit) in Delphinform[12]. Sie stammt aus Olbia und hat offenbar als Zahlungsmittel gedient, womit sogar Handelsbeziehungen zur nördlichen Schwarzmeerküste erwiesen wären. Ein paar bronzene Pfeilspitzen aus dem 4.—3. Jh. v. Chr., ein Bleigewicht und einen bronzenen Ring[13] fand man in der Gegend Korkoluka. Außerdem gibt es aus vorrömischer Zeit noch einige Münzen: eine kupferne Philipps II. von Makedonien, eine Silberdrachme Alexanders des Großen, zwei hellenistische Bronzemünzen von Odessos, eine hellenistische Kupfermünze von Kallatis und eine ganz seltene des skythischen Königs Haraspes aus dem 2.—1. Jh. v. Chr.[14]. Die Vielfältigkeit der gefundenen Münzen weist wohl wieder auf rege Handelsbeziehungen.

Genauere Angaben liegen uns erst für die römische Zeit, etwa durch einen Grenzstein vor, der das Ende des Stadtgebietes von Odessos bezeichnet[15]. Die Eroberung durch die Römer brachte der Siedlung bei Ossenovo offensichtlich eine Blüte, die ihren Höhepunkt unter den Severern erreichte, da die in und um sie gefundenen Münzen vor allem aus dieser Zeit stammen. Es handelt sich dabei um Kupfermünzen vom sogenannten Kolonialtyp, die in verschiedenen Städten der Provinz Moesia inferior (so z. B. in Dionysopolis, Marcianopolis, Nicopolis ad Istrum und Odessos) geprägt sind[16]. 1908 las man[17] innerhalb einer gleich zu besprechenden spätantiken Festung auch Münzen von Antoninus Pius (138—61) und Aurelian (270—75), eine Kupfermünze Justinians I. sowie eine Bronzemünze aus dem 11.—12. Jh. auf. Ferner ist für die fünfziger Jahre ein ebenfalls noch unpublizierter Kollektivfund mit Münzen aus justinianischer Zeit zu verzeichnen.

Am nordwestlichen Rande des Dorfes sind heute nur spärliche Überreste der soeben erwähnten spätantiken Festung zu sehen, die noch 5—6 m über den Erdboden aufragen (Abb. 3). Jedoch handelt es sich dabei lediglich um die 1,80 m dicke Füllung eines 5,40 m langen Teiles der Umfassungsmauer, der sogar bereits die Steinplattenbedeckung fehlt. Bis zum Ende des vergangenen und zum Beginn unseres Jahrhunderts waren die Ruinen wesentlich besser erhalten und viele Einzelheiten noch klar zu sehen. Deshalb sind auch die ersten Beschreibungen durch K. Škorpil[18] und K. Ireček[19] so wichtig. Letzterer besuchte den Ort im Jahr 1884, sah dort noch eine wiederverwendete Inschrift mit lateinischen Buchstaben und hörte von einer weiteren frühchristlichen.

---

[12] Sie trägt die Inv. II 7314.

[13] Ihre Inv. sind II 7315 (Pfeilspitzen), II 7317 (Bleigewicht) und II 7316 (Ring).

[14] Dazu vgl. Inv. 2162 (Philipp), 1587 (Alexander), 1425 und 1588 (Odessos), 1411 (Kallatis) sowie zu Inv. 382 Т. Герасимов [T. Gerassimov], Монети от Канит, Тануза, Харасп, Акроза и Сариа [Münzen von Kanites, Tanusa, Haraspes, Akrosas und Sarias], *ИВАД* [IVAD] 9 (1953) 56 und Abb. 82/5.

[15] Und später S. 17 noch ausführlich besprochen wird.

[16] Sie sind unpubliziert und heute im Historischen Kunstmuseum von Varna unter den Inv. 585, 1412, 1456, 1462 (Dionysopolis); 1298, 1402, 1415, 1457 (Marcianopolis), 1589 (Nicopolis ad Istrum) und 1418, 1424 (Odessos).

[17] Laut dem Fundarchiv des Museums von Varna.

[18] In einem unpublizierten Manuskript über die *Christian Monuments in the Black Sea Country of the Balkan Peninsula* (cp. 10), welches durch seine Nachkommen über Paris und Washington/Dumbarton Oaks erst kürzlich wieder ins Archäologische Museum von Varna gelangte. — Zu ihm selbst als dem Begründer der bulgarischen Archäologie vgl. С. Георгиева [S. Georgieva] — В. Велков [V. Velkov], *Библиография на Българската археология* (1879—1966) [Bibliographie der bulgarischen Archäologie (1879—1966)], ²София 1974 s. v. sowie E. Georgiev, Ein großer Wissenschaftler tschechischer Herkunft in Bulgarien: zum 120. Geburtstag von Karel Škorpil, *Palaeobulgarica* 3/3 (1979) 65—67.

[19] In seiner *Česty po Bulharsku* 895. — Zu seiner Person im allgemeinen sei verwiesen auf die bei С. Георгиева [S. Georgieva] — В. Велков [V. Velkov], a. a. O. s. v. genannten Titel und *Constantin Jirecek, sein Leben, schöpferisches Wirken und sein wissenschaftliches Erbe, Mitt. Bulg. Forschungsinst. in Ö.* 3/2 (1980).

Die erste ist der bereits erwähnte Grenzstein (Abb. 12), der später nach Varna ins Museum kam, die zweite war leider schon damals verschollen[20], weshalb sie auch K. Ireček[21] nur in einer Transkription seines ortskundigen Begleiters, des Schulinspektors M. Radivojev, in folgender Weise wiedergibt:

☧
ТѠΝΔΕΣ
ΤΡΟΤѠΝΗ
ΜѠΝ̄ΑΠΙΌΑ
ΛѠΚΑΙΌΝΗΡΗ
ΑΥΕΟΥΕ,

was in der Ergänzung von E. Bormann gleich nebenan so aussieht:

Χρ (ιστος).
τῶν δεσ-
[π]οτῶν ἡ-
μῶν Ἀρ[κ]α-
[δίου κ]α[ὶ Ὀ]ν[ω]ρ[ίου]
Αὐ[γ]ού[στων][22].

Damit gewinnt sie aber besondere Bedeutung, denn durch die Erwähnung der Kaiser Arcadius und Honorius kann sie in die Jahre 383—84 datiert und wahrscheinlich als Bauinschrift bestimmt werden. Auch K. Irečeks Beschreibung der Festung selbst ist ziemlich genau und stimmt im großen und ganzen mit den etwas späteren archäologischen Forschungen überein. 1913/14 führten zunächst die rumänischen Archäologen I. Kalinderu[23] (Abb. 4) und V. Pârvan[24] Ausgrabungen und Forschungen durch. 1958 unternahmen bulgarische Kollegen im Auftrag des Museums von Varna zwecks Beschreibung aller antiken Festungen und Siedlungen im Tale des Batovaflusses[25] ebenfalls eine wissenschaftliche Expedition nach Ossenovo, in deren Rahmen vor allem M. Mirčev und D. I. Dimitrov die schon stark zerstörte Festung untersuchten. Sie brachten auch eine wiederverwendete römerzeitliche, mit Bukranien und Girlanden verzierte Reliefplatte aus Kalkstein ins Museum.

Die Festung selbst hat unregelmäßige polygonale Form und ist 11.000—12.000 m^2

[20] K. Škorpil, *Christian Monuments* 12,2 zufolge wurde sie nach Varna gebracht, ist dort aber auch heute nicht mehr zu finden.

[21] Archäologische Fragmente aus Bulgarien, *AEM* 10 (1886) 181 f.

[22] Wohl in Anlehnung daran löst auch K. Škorpil, *Christian Monuments* 12,2 unter Hinweis auf „Ivriček (sic!) A. E. M. X p. 189 (!)“ auf:

Χρ(ιστός) (monogram)
των δεβ-
προτῶν ἡ
μῶν Αρ(κ)α
δίου κ(α[ι ὀ]ν [ω]ρ[ίου
Αὐ[γ]ού[στων.

V. Beševliev, *Spätgriechische und spätlateinische Inschriften aus Bulgarien*, Berlin 1964, 57 f., Nr. 86 s. v. Dišbudak übernimmt E. Bormanns Lesung.

[23] Relaţiune despre săpăturile dela Ecrené şi Dişpudac din Dobrogea Nouă şi despre starea monumentelor greco-romane desgropate la Constanţa şi Mangalia, *BCMI* 6 (1913) 135—139.

[24] Sein Bericht erschien in den *AAR* ser. 2,36 (1913/14) 22—24.

[25] Die Unterlagen hierzu befinden sich heute im Museumsarchiv von Varna.

groß. Die Umfassungsmauer, deren heute noch sichtbare Reste oben bereits erwähnt wurden, war etwa 3,5 m dick und teilweise noch bis zu 5 m Höhe erhalten. Ihre Verkleidung war allerdings schon damals völlig abgerissen und nur die Füllung übriggeblieben. Im östlichen Teil der Festung befand sich ein viereckiges Kastell *(quadriburgium)* mit vier runden Türmen. Nach der von I. Kalinderu gezeichneten Skizze waren seine Mauern insgesamt 40 m lang, die Türme 9 m im Durchmesser und die Eingänge etwa 3 m breit. Orientiert ist die Anlage nach den Himmelsrichtungen, mit einer kleinen Abweichung nach Nordost-Südwest. Die zwei westlichen Türme waren offenbar halbkreis-, die zwei östlichen fächerförmig. Im südwestlichen Turm entdeckte man eine Zisterne und an der Südmauer den 3,7 m breiten Haupteingang. Außerdem fand man bei den Ausgrabungen Dolia, Amphoren, Säulenbasen und spätantike Tonlampen[26]. Gewählt hat man diesen Ort zum Bau der Festung wohl nicht nur wegen seiner bequemen und natürlich geschützten Lage, sondern viel mehr wegen des weiten Ausblickes über das ganze Tal. Wahrscheinlich mußte man von hier aus den Weg zu den übrigen Festungen an der Schwarzmeerküste ebenso schützen wie den über das Batovatal.

Ursprünglich bestand die gesamte Anlage jedoch nur aus dem kleinen Kastell, welches vermutlich im dritten Jahrhundert als Teil eines Verteidigungssystems zwischen Donau und Balkan errichtet worden war. Später hat man dann die Festung umgestaltet, wobei aber der älteste Kern, das Kastell, als Zitadelle erhalten blieb. Mit diesem Umbau kann auch die oben erwähnte Inschrift mit den Namen der Kaiser Arcadius und Honorius in Zusammenhang gebracht werden, denn nach den Gotenkriegen und der Niederlage des Kaisers Valens bei Adrianopel im Jahr 378 mußten viele Festungen auf der Balkanhalbinsel — darunter besonders jene im Osten — restauriert werden. Im Falle von Ossenovo dürfen wir aus der bedeutenden Erweiterung der befestigten Fläche auf die Notwendigkeit schließen, auch der rundum wohnenden Bevölkerung Schutz gewähren zu können.

Zur selben Zeit, d. h. am Ende des vierten Jahrhunderts, war im neuen (westlichen) Teil der Festung eine ebenfalls bereits von K. Ireček erwähnte Kirche erbaut worden. Über sie wissen wir nur, daß sie klein war. Nichtsdestoweniger muß aber ihre Innenausstattung den drei erhaltenen und seit 1912/13 im Museum von Varna unter den Inv. III 222—24 aufbewahrten Reliefplatten[27] zufolge sehr interessant gewesen sein. Alle drei Kalkquader tragen Symbole, wie sie etwa auf dem Mosaikfußboden der frühchristlichen Kirche von Teurnia[28] und auch sonst häufig zu finden sind. Zwei davon (Abb. 5 und 6) zeigen je einen Pfau neben einem Kelch samt Bäumchen, Hirschen, Fischen und Hasen, der dritte (Abb. 7) einen Stier. Da K. Škorpil in seinen unveröffentlichten *Christian Monuments* 9,15 von „painted peacocks“ spricht, darf man wohl annehmen, daß die

---

[26] I. Kalinderu, a. a. O. 137, Abb. 3. K. Ireček, *Cesty po Bulharsku* 895 erwähnt auch noch metallene Kreuze.

[27] Näheres bei H. Michaelis, Pharmacon athanasias. Ein neuer Beitrag zur spätantik/frühchristlichen Kultsymbolik, *FF* 31/2 (1957) 346—350; Д. И. Димитров [D. I. Dimitrov], Раннохристиянски релефи от Варненско [Frühchristliche Reliefs aus dem Bezirk Varna], *APX* [Arh] 3 (1961) 17—21; Д. Овчаров [D. Ovčarov] — М. Ваклинова [M. Vaklinova], *Ранновизантийски паметници от България* IV—VII век [Frühbyzantinische Denkmäler aus Bulgarien 4.—7. Jh.], София 1978, 43 f. und B. Brenk, *Spätantike und frühes Christentum*, Frankfurt/Main - Berlin - Wien 1977 *(Propyläen Kunstgeschichte*, Supp. 1), Abb. 397 a und b.

[28] Genaueres zu ihm und zum Problem der christlichen Deutung derartiger Bilder überhaupt bei R. Pillinger, Zur Deutung der Symbolik des Mosaikbodens von Teurnia Ca 1, 178 (1988) i. Dr.

Platten ursprünglich bemalt waren. Alles in allem sind sie aber schematisch und grob gearbeitet und damit offensichtlich das Werk eines örtlichen — also einheimischen (provinziellen) — Meisters. In der Veröffentlichung bei D. I. Dimitrov[29] werden die Reliefs ins 5.—6. Jh. datiert, unserer Meinung nach darf man ihre Entstehung aber an das Ende des vierten bzw. an den Beginn des fünften Jahrhunderts setzen, da sie genauso wie der als Vergleichsbeispiel zitierte Mosaikboden von Teurnia und — nimmt man das Christogramm aus — auch das im folgenden zu besprechende Grab noch keine eindeutig christlichen Bilder, sondern bloß neutrale Symbole zeigen. Verwendet waren die Platten wahrscheinlich innerhalb des Altarraumes — etwa als Schranken.

Ein vierter 0,435 × 0,395 × 0,20 m großer Kalksteinblock mit dem groben Relief eines Mannes (?) samt rundem Schild in der linken und lateinischem Kreuz in der rechten Hand stammt nach Angabe K. Škorpils[30] vom selben Ort wie die vorhin beschriebenen Platten und ist heute an der Außenseite der Apsis der laut Inschrift 1897 errichteten Dorfkirche von Ossenovo eingemauert (Abb. 8). Auf Grund der knielangen Kleidung und des Stabkreuzes in der Rechten der dargestellten Figur dürfte es sich bei ihr um einen Engel handeln. Möglicherweise haben wir damit eines der bei D. I. Dimitrov[31] als verschollen geführten „Две изображения върху камък [zwei Steinbilder]" vor uns[32]. Das kreisförmige Loch im oberen Teil des Blockes diente vielleicht zur Fixierung auf einer anbei gefundenen Marmorsäule mit 17cm Durchmesser. Außerdem lag unter dem Boden der Festungskirche noch eine überwölbte Krypta, aus der man[33] im Jahr 1892 ein Marmorreliquiar in Gestalt eines kleinen Sarkophages mit Akroteren (Abb. 9) barg, welches heute unter der Inv. 2045 in der Mittelalterabteilung des Sofijoter Archäologischen Museums aufbewahrt wird[34]. Leider nicht bekannt ist uns der antike Name der Festung von Ossenovo. K. Jireček[35] glaubte, ihn in dem bei Plinius (nat. hist. 4,44[36]) erwähnten Γεράνια gefunden zu haben, welches R. Vulpe[37] aber mit einer Festung beim Dorf Kranevo, vier Kilometer östlich von Ossenovo, gleichsetzt. Auch V. Beševliev[38] stellt die Identität von Gerania und Ossenovo in Frage. Nachdem sich aber keine der beiden genannten Hypothesen durch sichere Argumente erhärten läßt[39], muß dieses Problem wohl ungelöst bleiben, zumal es mehrere antike Siedlungen und Festungen in unmittelbarer Nähe gibt.

---

29 A. a. O. 21.

30 *Christian Monuments* 10, 6.

31 A. a. O. 17.

32 Das andere ist unter Umständen identisch mit der bei K. Щкорпил [K. Škorpil], Разни съобщения [Verschiedene Mitteilungen], *ГОВАД* [GOVAD] 7/8 (1912/13) 17 erwähnten, 1,27 × 0,72 × 0,13 m großen Marmorplatte mit Kreuz in einem Kreis, die wohl ebenfalls in der Festung gefunden wurde und lange Zeit im Kirchhof von Ossenovo stand.

33 Abermals laut K. Škorpil, Разни съобщения [Verschiedene Mitteilungen] und *Christian Monuments* (14,4).

34 Es ist wohl das von H. Buschhausen, *Die spätrömischen Metallscrinia und frühchristlichen Reliquiare* 1, Wien 1971 (*Wiener Byzantinische Studien* 9), 289, C 22 publizierte, bei dem Inventarnummer und Fundort fehlen.

35 Archäologische Fragmente 182.

36 Dort heißt es in der Beschreibung Thrakiens: ... *nunc habet Dionysopolim, Crunon antea dictam; adluit Zyras amnis. totum eum tractum Scythae Aroteres cognominati tenuere. eorum oppida Aphrodisias, Libistos, Zygere, Rhocobae, Eumenia, Parthenopolis, Gerania, ubi Pygmaeorum gens fuisse proditur; Catizos barbari vocabant, creduntque a gruibus fugatos. In ora a Dionysopolis est Odessus Milesiorum, flumen Pannysis* usw.

37 Gerania, Cranea, Ekrenè, *Balcania* 6 (1943) 14—29.

38 A. a. O. 57.

39 Weshalb auch F. Römer, *Untersuchungen zur Geographie Europas in der Naturalis Historia des Älteren Plinius*, ungedr. Diss. Wien 1967, 225 Γεράνια nicht lokalisiert.

Die größte davon lag östlich des heutigen Ossenovo, auf einer natürlichen Anhöhe am westlichen Steilhang des Suat-dere. Hier befanden sich die Ruinen eines großen steinernen Gebäudes, aus dem die ansässigen Bauern lange Zeit hindurch Baumaterial gebrochen haben, sodaß bis zum Jahr 1958 nur noch die Füllung der Mauer übrigblieb. Nach Auskunft der Ortsbewohner waren die äußeren Verkleidungssteine etwa 1,20 × 0,50 m und der gesamte Bau 16 × 13 m groß und nord-süd orientiert. Außerdem fanden die Steinbrecher Tonröhren einer Wasserleitung, welche vom Süden her zum Gebäude führte, viele Keramik- und Dachziegelfragmente und ein kleines Kalksteinbruchstück mit Reliefverzierung in Schuppenform. Etwa 500 m südlich davon entdeckte man auf dem Hochland selbst die Reste einer spätantiken Siedlung.

Falls es sich nicht um ein und denselben, nur durch den Bach getrennten Ort handelt, lag ein zweiter am westlichen Ufer des Suat-dere, da auch hier viele Scherben von Ziegeln, spätantiken Amphoren und anderer Keramik des 4.—6. Jh. n. Chr. gefunden wurden.

Eine weitere spätantike Ansiedlung gab es auch nördlich von Ossenovo in der Gegend Metropola, wo man viele Bruchstücke von Keramik, Ziegeln und bearbeitete Steine zerstörter Bauten auflas. Auch eine spätantike Lampe mit kreuzartiger Produktionsmarke gehörte zu den Funden[40]. Außerdem darf man hier eine Nekropole vermuten, da im Jahr 1934 ein gemauertes 2,65 m langes, 2,20 m breites und 1,90 m hohes Grab mit Gewölbe entdeckt wurde, das angeblich leer und mit Erde gefüllt war. Östlich von Ossenovo, in der Gegend Kuzlu-kula, lag längs eines kleinen Tales wohl ebenfalls eine Siedlung, da man dort wiederum Fragmente von bearbeiteten Steinen, Ziegeln sowie spätantiker Keramik (vor allem von Amphoren des 5.—6. Jh.) fand.

Außerdem las man noch ein Goldmedaillon mit Fortunadarstellung (Inv. 7370) aus dem 2.—3. Jh. sowie eine bronzene Haarnadel (Inv. 7352) aus dem 4.—5. Jh. n. Chr. in der näheren Umgebung von Ossenovo auf.

Leider bringt uns auch die diesbezüglich oft recht nützliche Reiseliteratur[41] bei der Suche nach dem antiken Namen des heutigen Ossenovo nicht weiter, da hierin wieder

---

[40] Sie ist unpubliziert und unter der Inv. III 635 im Historischen Kunstmuseum von Varna aufbewahrt.

[41] Nähere Angaben finden sich bei С. Георгиева [S. Georgieva] — В. Велков [V. Velkov], a. a. O. 338—349; danach (ab 1966) erschienen: H. Hynková, *Europäische Reiseberichte aus dem 15. und 16. Jahrhundert als Quelle für die historische Geographie Bulgariens*, Sofia 1973; Б. А. Цветкова [B. A. Zvetkova], *Френски пътеписи за Балканите* XV.—XVIII. в. [Französische Reisebeschreibungen über die Balkanhalbinsel 15.—18. Jh.], София 1975; П. Миятев [P. Mijatev], *Маджарски пътеписи за Балканите* XVI—XIX в. [Ungarische Reisebeschreibungen über die Balkanhalbinsel 16.—19. Jh.], София 1976 (*Чужди пътеписи за Балканите* [Ausländische Reisebeschreibungen über die Balkanhalbinsel] 2); М. Йонов [M. Jonov], *Немски и Австрийски пътеписи за Балканите* XV.—XVI. в. [Deutsche und österreichische Reisebeschreibungen über die Balkanhalbinsel 15.—16. Jh.], София 1979 (*Чужди пътеписи за Балканите* [Ausländische Reisebeschreibungen über die Balkanhalbinsel] 3); Zn. Damjanova u. a., *Sweden - Bulgaria. Voices from Seven Centuries. Slavonic Manuscripts, Old Maps of Bulgaria and Bulgarian Lands, Diaries of Swedes, who Have Visited Bulgaria, Official Documents and Old Books by Bulgarian, Swedish and Other Authors. Dedicated to the 1300th Anniversary of Bulgaria*, Sofia 1980 (auch in bulgarischer Fassung erschienen); М. Йонов [M. Jonov], *Европа отново открива Българите. Българите и Българските земи през погледа на чужди пътешественици* XV—XVII в. [Europa entdeckt aufs neue die Bulgaren. Die Bulgaren und die bulgarischen Länder in den Augen ausländischer Reisender. 15.—18. Jh.], София 1980; M. Golczewski, *Der Balkan in deutschen und österreichischen Reise- und Erlebnisberichten 1912—1918*, Wiesbaden 1981 (*Quellen und Studien zur Geschichte des östlichen Europa* 16) und Д. Чанев [D. Čanev], *За Българите. Чуждата историческа Българистика през* XVIII—XIX в. [Über die Bulgaren. Die ausländische historische Bulgaristik während des 18.—19. Jh.], София 1981.

jegliche Hinweise fehlen und die modernen Namen[42] allein keinesfalls Rückschlüsse auf die antiken erlauben.

Nun weist u. a.[43] HR. M. DANOV[44] schon ausdrücklich darauf hin, daß sich die genauen Ausmaße der nahegelegenen Stadt Odessos mangels zuverlässiger Quellen eigentlich nicht bestimmen lassen und die Grenzlinie ihrer χώρα in Richtung Marcianopolis während der Kaiserzeit den Meilensteinfunden nach stellenweise 10 bis 15 Kilometer vom Zentrum entfernt gewesen sein muß. Da sich der heutige Ort Ossenovo auch nur ca. 13 Kilometer nordöstlich von Varna[45] befindet und K. JIREČEK[46] den derzeit hier im Historischen Kunstmuseum aufbewahrten Grenz(!)stein mit der Aufschrift RR/ ODESS (Abb. 12) noch in einem Brunnen von Dišpudak vermauert fand[47], wäre es also durchaus denkbar, daß dieser Ort ursprünglich zum Stadtgebiet der einstigen milesisch-jonischen Kolonie gehört und daher keinen speziellen Namen hatte[48]. Möglicherweise handelt es sich um eine spätantik-frühchristliche Siedlung von Odessitanern. Dazu würde passen, daß die in der Basilika gefundenen Reliefplatten manchen Erzeugnissen aus Varna so ähnlich sind, daß der Schluß auf ein und dieselbe Werkstätte sicher zulässig ist. Ferner hatten doch Festung und Friedhof stets an der Stadtgrenze gelegen[49]. Vielleicht war eben das Kastell im heutigen Dorf Ossenovo und nicht das naheliegende Kranea, das in den bei K. JIREČEK[50] und R. VULPE (a. a. O.) als Belege erwähnten byzantinischen Urkunden[51] genannt wird, das καστέλλιον von Varna. Ver-

---

[42] Wie der S. 15 behandelte Fall von Kranevo/Ekrene/Gerania z. B. deutlich zeigt.

[43] Z. B. B. GEROV, Die Einteilung der städtischen Territorien im römischen Thrakien in regiones (XΩPAI), Phylen und Komarchien, *Akten d. 7. int. Kongr. f. griech. u. lat. Epigraphik*, München 1972 (1973) 492—494.

[44] Philippopolis, Serdica, Odessos. Zur Geschichte und Kultur der bedeutendsten Städte Thrakiens von Alexander d. Gr. bis Justinian, *ANRW* 2, 7, 1 (1979) 291.

[45] Welches übrigens nicht ganz genau an der Stelle des alten Odessos liegt.

[46] Archäologische Fragmente 181.

[47] Siehe auch *CIL* 3, 7589: Azizié (Dišpudak) *in puteo prope rudera castelli* Jireček, 12 507: *f(ines) [t]err(itorii) Odess(itanorum);* H. ŠKORPIL, Antike Inschriften aus Bulgarien, *AEM* 17 (1894) 206 und M. МИРЧЕВ [M. Mirčev], Латински епиграфски паметници от черноморието [Lateinische epigraphische Denkmäler von der Schwarzmeerküste], ИВАД [IVAD] 9 (1953) 74 mit Abb. 91.

[48] So schreibt etwa J. MARQUARDT, *Römische Staatsverwaltung* 1, ²Leipzig 1881, 16: „Der Stadtname dient nicht allein zur Bezeichnung der Polis selbst, sondern gilt auch für den dazugehörigen geographischen Bezirk, in welchem Landgemeinden ohne selbständige Verfassung, κῶμαι (vici) und φρούρια (castella) liegen."

[49] Belege nicht nur zu Roms Katakomben findet man bei B. KÖTTING, *Der frühchristliche Reliquienkult und die Bestattung im Kirchengebäude*, Köln/Opladen 1965, passim.

[50] Archäologische Fragmente 182.

[51] Mit Acta patr. 1,95 (um 1321? nach H. HUNGER - O. KRESTEN 1,400) ἡ Κρανέα und τὰ Γεράνια und möglicherweise wiederholt auch später 1,528 τῆς Κρανέας καὶ τῶν Γερανίων sind wohl eindeutig der im Tal liegende Ort und die auf der Anhöhe erbaute Burg des heutigen Kranea gemeint, denn dadurch, daß wir von der thrakischen Sprache nur geringe Reste (siehe vor allem D. DETSCHEW, *Die thrakischen Sprachreste*, Wien 1957 [*Schriften d. Balkan-Kommission d. ÖAW, linguist. Abt.* 14]; Ž. VELKOVA, Die thrakische Sprache [Bibliographischer Anzeiger 1852—1965], *Balkansko ezikoznanie* 12 [1967] 155—184 und В. ГЕОРГИЕВ [V. Georgiev], *Траките и техният език* [Die Thraker und ihre Sprache], София 1977) und so auch die Eigennamen (hierzu vgl. besonders V. BEŠEVLIEV, *Untersuchungen über die Personennamen bei den Thrakern*, Amsterdam 1970) größtenteils bloß in griechischer oder lateinischer Transkription erhalten haben, bezeichnen häufig recht verschieden klingende Namen ein und dasselbe. Dies beweist etwa Durostorum/Dorostolon, das heutige Silistra (Näheres bei V. VELKOV, Zu den Fragmenta Vaticana 315 [Durocortorum oder Durostorum?], *Charisteria F. Novotny octogenario oblata*, Brno 1961, 151—154). — Zur allgemeinen Übersicht sei noch verwiesen auf А. КУЗЕВ [A. Kuzev] - В. ГЮЗЕЛЕВ [V. Gjuzelev], *Български средовековни градове и крепости* [Bulgarische mittelalterliche Städte und Festungen] 1, Варна 1981, 236—310 (zu Kranea, Kastrici und Varna).

mutet doch HR. M. DANOV[52] tatsächlich die nördliche Grenze seines antiken Stadtterritoriums etwa auf halber Wegstrecke zwischen Odessos und Dionysopolis/Balčik. Stimmt dies, so gehörte Ossenovo einst wirklich zu ersterem, wie heute eben zum Варненски окръг [Bezirk Varna[53]]. Die relativ große Anzahl und die Art der dort gefundenen, vorne bereits beschriebenen Denkmäler lassen auf eine nicht gerade unbedeutende Christengemeinde schließen. Doch kehren wir wieder nach Ossenovo zurück.

Die Nekropole der Festung befindet sich am südwestlichen Rand des Dorfes in der jetzigen Tongrube, wo einige mit Ziegel bedeckte Gräber sowie ein gemauertes überwölbtes Familiengrab aus dem 5.—6. Jh. gefunden wurden[54].

Über ein einst ebenfalls unweit der Festung aufgedecktes Grab mit Gewölbe erfahren wir schon durch H. ŠKORPIL[55]. Möglicherweise ist dieses identisch mit einer überwölbten steinernen Grabkammer, die nach Angabe der Dorfbewohner vor ca. 20 Jahren in unmittelbarer Nähe der hier nun behandelten entdeckt wurde, heute aber vernichtet ist. Somit dürfte es in der Spätantike neben der eben erwähnten heidnischen im Südwesten auch noch eine eigene christliche Nekropole im Norden des Ortes gegeben haben.

Nicht auffindbar war ein laut D. I. DIMITROV[56] im ehemaligen Inventarbuch des Archäologischen Museums von Varna mit der Notiz от с. Осеново [aus dem Dorf Ossenovo] versehener Fingerring mit Kreuz auf dem Schild.

Wohl frühestens dem sechsten Jahrhundert zuzuweisen ist ein Tonstempel (Abb. 10 und 11), dessen Inschrift leider bislang nicht zuverlässig gedeutet werden konnte. Das einzige, was sich einigermaßen sicher sagen läßt, ist, daß es sich um einen Brot- oder Eucharistiestempel handeln dürfte. Ob allerdings die Inschrift darauf als ЄΚΚ[ΛΗΣΙΑ] ΟΚΗΣ (der Kirchengemeinde ῎ΩΚΗ) zu lesen ist, muß wieder offen bleiben. Zwar gibt es einen Ort dieses Namens[57] ebenso wie generell rege Handelsbeziehungen der Schwarzmeerstädte mit Kleinasien[58] und auch die O-Ω-Vertauschung ist durchaus häufig, aber dennoch könnte andererseits auch eine Abkürzung, etwa für ᾿ΟΚΗΣΙΔΗΡΟΝ u. ä., oder bei dem Zeichen ◎ überhaupt kein Buchstabe und nur ein dekoratives Element vorliegen. Ferner war in der überreichen und vorzüglichen Lite-

---

52 Philippopolis, Serdica, Odessos 291.

53 Zu ihm vgl. übrigens A. MINČEV, Das frühe Christentum in Odessos und seinem Territorium, in: W. SCHULLER (Hrsg.), *Die bulgarische Schwarzmeerküste im Altertum, Xenia. Konstanzer althistorische Vorträge und Forschungen* 16 (1985) 51—65.

54 Diese Ausgrabungen A. MINČEVS im Jahr 1976 sind noch unpubliziert.

55 *Могили. Паметници из Българско* [Grabhügel. Denkmäler aus Bulgarien], Пловдив 1898, 44.

56 A. a. O. 17.

57 Genaueres bringen V. SCHULTZE, *Altchristliche Städte und Landschaften* 2, *Kleinasien* 1, Greifswald 1922, 391; W. RUGE, *RE* 17/2 (1937) 2302 s. v. Oka usw.

58 Siehe z. B. E. GREN, *Kleinasien und der Ostbalkan in der wirtschaftlichen Entwicklung der römischen Kaiserzeit*, Uppsala 1941; V. VELKOV, Kleinasiaten und Syrer in den Balkangebieten während der Spätantike (IV.—VI. Jh.), *EH* 2 (1965) 19—29; M. TAČEVA-HITOVA, Handwerker und Kaufleute aus dem griechischen Osten in Thrakien (I.—III. Jh.), *Acta Conventus „Eirene"* 11 (1972) 87—89; DIES., Тракийските земи и Мала Азия през Римската епоха, *България в света от древността до наши дни. Материяли от II конгрес на БИД* [Die thrakischen Länder und Kleinasien während der Römerzeit, Bulgarien in der Welt vom Altertum bis heute] 1, София 1976, 161—167; V. VELKOV, Thrakien und Kleinasien, *Proceedings of the Xth Int. Congr. of Class. Arch.*, Ankara 1978, 95—102 und A. MINČEV, Die westliche Schwarzmeerküste und der Osten in der Spätantike, in: R. PILLINGER (Hrsg.), *Spätantike und frühbyzantinische Kultur Bulgariens zwischen Orient und Okzident, Arbeitsgespräch 8.—10. November 1983*, Wien 1986 *(Bant 16)* 105—113.

ratur[59] hierzu nicht einmal ein annähernd entsprechendes Parallelstück zu finden. Wie dem nun sei: Jedenfalls wird durch diesen Tonstempel eine gewisse Siedlungskontinuität erwiesen, die ihre Bestätigung in den ringsum liegenden Resten mittelalterlicher Siedlungen erhält. Ganz eindeutig wurde der Ort des heutigen Ossenovo nach höchstens kurzfristiger Unterbrechung im Frühmittelalter neuerlich bewohnt.

Den Keramikfragmenten aus dem achten und neunten Jahrhundert zufolge hat sich in der Gegend Kamarata zu beiden Seiten eines kleinen Baches eine frühbulgarische Siedlung befunden und darauf eine des 12.—14. Jh.

Eine weitere mittelalterliche Ansiedlung gab es östlich des Dorfes am Suat- dere, wo bearbeitete Steine sowie glasierte und unglasierte Keramik des 12.—14. Jh. gefunden wurden. Woch weiter östlich, am rechten Ufer des Ossenovoflusses, in der Gegend Turskite grobišta lag eine dritte Siedlung derselben Zeit.

Mit diesem kurzen Überblick über das heutige Ossenovo im Altertum haben wir hoffentlich hinlänglich erwiesen, daß es in der Umgebung des derzeitigen Dorfes schon etliche Jahrhunderte intensives Leben gab, wobei vor allem die Spätantike wirtschaftlich eine echte Blütezeit der Siedlung darstellte. Folglich ist aber auch das gleich anschließend beschriebene Grabmal sicher keine zufällige Erscheinung.

---

[59] Bei F. J. DÖLGER, Heidnische und christliche Brotstempel mit regligiösen Zeichen, *AC* 1 (1929) 1—53; A. ALFÖLDI, Tonmodel und Reliefmedaillons aus den Donauländern, *Laureae Aquincenses* 1 (1938); DERS., Tonmedaillons und runde Kuchenformen aus Pannonien und Dazien, *Folia Archaeologica* 5 (1945) 66—73; G. GALAVARIS, *Bread and Liturgy. The Symbolism of Early Christian and Byzantine Bread Stamps*, Madison - London 1970; DEMS., A Bread Stamp from Sinai and its Relatives, *JÖByz* 27 (1978) 329—342; W. DJOBADZE, Medieval Bread Stamps from Antioch and Georgia, *OC* 63 (1979) 163—176; G. GALAVERIS - R. HAMANN - MC. LEAN, *Brotstempel aus der Prinz Johann Georg-Sammlung in Mainz*, Mainz 1979 *(Hefte d. Kunstgesch. Inst. d. Univ. Mainz* 3,1. *Studienhefte der Prinz Johann Georg-Sammlung)*; W. DJOBADZE, Sep' iskveris k^{c}art^{c}uli tvip^{c}ari Antiochidan [Ein georgischer Brotstempel von Antiochia], *Mravalt^{c}avi philogiur-istoriuli dziebani* 7 (1980) 22—28 u. ä. — Für die hier wiedergegebene Lesung und Kommentierung der Inschrift sei R. PILLINGER herzlich gedankt.

‚GRABUNGS'BEFUND UND BESCHREIBUNG DES DENKMALS

Entdeckung des Grabes

Gefunden wurde das nach der in der Antike allgemein geübten Praxis[60] außerhalb, d. h. ungefähr 1,5 km nördlich des heutigen Dorfes Ossenovo[61] in der sogenannten Касаджикова могипа [Kassadžikovaanhöhe] befindliche Grabmal Ende Mai 1973 beim Anlegen eines Weinberges. Als die landwirtschaftlichen Maschinen plötzlich in das Gewölbe der unter dem Bodenniveau errichteten Grabstätte einbrachen, hat man die Arbeit sofort eingestellt und die Entdeckung dem Archäologischen Museum in Varna gemeldet.

Von diesem wurde alles nur irgendwie Mögliche zur Erforschung und Erhaltung des Denkmals getan. Leider war aber bei der Entdeckung schon ein Teil des Gewölbes zerstört worden. Außerdem drangen Ortsansässige noch vor den Archäologen in das Grab ein, brachten die Gebeine des Bestatteten durcheinander und beschädigten Boden und Malerei.

Die danach noch im selben Jahr von A. Minčev und P. Georgiev aufgenommenen archäologischen Untersuchungen[62] ergaben folgenden Befund.

Baubeschreibung

Das Grab liegt am Südhang eines natürlichen Hügels, dessen felsiges Fundament aus Mergel besteht. In diesem wurde die Grabkammer angelegt, wobei das herausgebrochene Material gleich wieder für den Bau des Gewölbes und einen Teil der Wände benutzt wurde.

Das gesamte Grabmal besteht aus einer einzigen rechteckigen ost-west orientierten Kammer mit 2,64 m Länge und durchschnittlich 1,9 m Breite[63]. Die Höhe der Wände beträgt 1,70 m, die Gesamthöhe des Grabes vom Boden bis zum Scheitelpunkt des Gewölbes aber 2,62 m. Die Mauerstärke der Eingangswand ist 0,72, die der übrigen

---

[60] Siehe unsere A. 49.

[61] In der Nähe des S. 18 erwähnten, von K. Škorpil aufgedeckten Grabes.

[62] Zu ihnen vgl. A. Minčev - P. Georgiev, The Tomb at Ossenovo, a Rare Monument of Late Antique Painting, *Obzor* 46 (1979) 72—81; dies., The Tomb at Ossenovo — a Monument of Late Antique Paintings on the Thracian Coast of Pontos, *Actes du IIe congr. int. de Thracologie 1976*, 2, Bucureşti 1980, 411—423; dies., Раннохристиянска гробница със стенописи край с. Осеново, Варненско [Ein frühchristliches Grab mit Wandmalereien neben dem Dorf Ossenovo bei Varna], *ИНМ-Варна* [INM-Varna] 17 (1981) 9—17; R. Pillinger, Ein frühchristliches Grab mit Wandmalerei aus Ossenovo (Bezirk Varna/Bulgarien), *Akten d. 16. int. Byzantinistenkongr. 1981*, 2/5 = *JÖByz* 32/5, Wien 1982, 385 f. und dies., Das Grabmal von Ossenovo (Bulgarien) im Rahmen des frühen Christentums der westlichen Schwarzmeerküste, *AnzWien* 120 (1983) 196—215. — Ihre Ergebnisse werden im folgenden übernommen.

[63] An der Ostseite mißt man genau 1,89, an der Westseite dagegen 1,93 m.

Wände 0,60 m. Das Gewölbe[64] besteht aus radial angeordneten Steinplatten von 0,40 m Dicke und hat die Form eines Halbzylinders[65]. An seiner Ostseite befindet sich die bereits oben erwähnte Zerstörung.

Der einzige Zugang erfolgt vom Osten her über einen stufenförmig angelegten Schacht und besteht aus einer rechteckigen 1,04 × 0,66 m großen Öffnung mit einem aus drei 0,22 m dicken, sorgfältig bearbeiteten Steinblöcken gefügten Rahmen in der Ostwand. Von ihr zum Boden des Grabes gelangt man über zwei Stufen, deren obere 0,38 m hoch und 0,30 m breit und deren untere 0,30 m hoch und 0,29 m breit ist. Die Schwelle des Eingangs ist ein 1,47 m langer und 0,20 m dicker Steinblock, der innen 0,09 m vor die Mauer vorragt. Außerdem liegt sie asymmetrisch in Hinblick auf die Mittelachse der Ostwand, mehr der Südwand zu. Verschlossen wurde der Zugang mittels einer 1,17 m hohen und jeweils 0,21 m breiten und dicken Steinplatte mit einer Fuge oben — zum leichteren Schließen und Öffnen. Heute ist sie aus praktischen Gründen nach außen in den davorliegenden Schacht geneigt.

Den Boden des Grabes hatten wohl Schatzsucher noch davor beinahe völlig zerstört. Nur mehr einige wenige Platten seines ursprünglichen Belages waren — an der Westwand — in situ. Danach bestand er aus völlig unregelmäßigen Steinplatten, welche mit rosa(rotem) Mörtel überzogen und rot verfugt waren, wobei die durchschnittliche Dicke der Steinplatten samt Überzug 0,10 m betrug.

Erhaltungszustand

Wie eingangs geschildert, wurde der Ostteil der gewölbten Decke bei der Auffindung des Grabes und gleich danach sein Boden vermutlich durch Raubgräber zerstört. Auch an den Wänden fiel bereits an vielen Stellen der einst vorhandene Putz ab und mit ihm die Malerei. Diese Beschädigungen werden wir bei der Beschreibung der einzelnen Wände noch genauer anführen. Außerdem sind die Wandmalereien Bodenfeuchtigkeit, Mineralsalzen und Mikroflora ausgesetzt, welche gleichfalls vernichtende Wirkung haben. Um die kontinuierlich fortschreitende Zerstörung dieses einzigartigen Denkmals wenigstens etwas hintanzuhalten, hat man es schließlich mit einem Schutzbau (Abb. 13) versehen. Eine Restaurierung konnte leider nicht vorgenommen werden[66].

Beschreibung der Wandmalerei

Das Gewölbe und alle vier Wände des Grabes tragen rosa Putz, auf den dann die Malerei aufgebracht ist, welche das gesamte Innere der Kammer bedeckt (Abb. 14).

[64] Hinsichtlich dessen gleich hier verwiesen sei auf K. Lehmann, The Dome of Heaven, *ArtB* 27 (1945) 1—27 und E. Aslan, Il significato speciale delle volte sottili romane e paleocristiane, *Mesopotamia* 2 (1967) 185—193.

[65] Diesen Bautypus, d. h. das rechteckige mit Gewölbe versehene Kammergrab, findet man in der Spätantike innerhalb der Balkanländer sehr häufig. — Einen Überblick für den Bereich des heutigen Bulgarien liefert Д. Овчаров [D. Ovčarov], Архитектура и декорация на старохристиянските гробници в нащите земи [Architektur und Dekoration der altchristlichen Gräber in unseren Ländern], *АРХ* [Arh] 19/4 (1977) 20—29, weitere Angaben findet man bei I. Nikolajević, Grabanlagen und Begräbniskulte in Moesien aus frühchristlicher Zeit, *JÖByz* 29 (1980) bes. 306 f., A. 21 f.

[66] Ein Protokoll über die vom Nationalen Institut für Denkmalpflege/Zentrales Forschungslaboratorium untersuchten physikalisch-chemischen Proben von Malerei und Mörtel liegt im Historischen Kunstmuseum von Varna auf.

Ausgeführt ist sie in den Farben Rot, Blau, Weiß und Grün, und zwar — wie etwa auch in dem Grab von Silistra[67] — in drei Bildzonen. Dieser Gliederung liegt die vor allem der frühchristlichen Kunst eigene Idee der Darstellung von Dies- und Jenseits zugrunde. Zuunterst läuft an den Wänden — die östliche ausgenommen — ein Fries rechteckiger Felder mit oben bogenförmigem Abschluß und je einer menschlichen Figur darin. Darüber folgen ein Streifen mit pflanzlichen und geometrischen Ornamenten und an der Decke schließlich der Himmel. Von einander getrennt sind diese drei Darstellungsbereiche jeweils durch einen schematisch gemalten Zaun. Nur an der Ostwand ist das beschriebene Schema wegen des Eingangs durchbrochen, weshalb sie auch gesondert besprochen wird. Zunächst aber betrachten wir den Figurenfries.

An der Südwand stehen 0,38 m über dem Boden rechteckige bogenbekrönte Felder mit roten Rahmen von 0,07 m Dicke. Ihre Höhe beträgt im Scheitel des Bogens 0,97 m, die Breite des östlicheren Feldes 0,40, die des westlichsten 0,55 m. 0,05 m darüber läuft über die ganze Länge der Wand ein in roter Farbe ausgeführtes Gitter aus Rhomben und Dreiecken zwischen zwei 0,02 m dicken horizontalen Linien. Insgesamt ist es 0,13 m hoch und an zwei Stellen durch Aushöhlungen in der Wand durchbrochen.

Von dem darunter Dargestellten sind leider nur zwei Felder von wohl ursprünglich dreien — im Westteil der Wand — erhalten. Das westlichste davon beginnt 0,13 m von der Südwestecke der Grabkammer entfernt und zeigt eine 0,43 m große Frau in aufrechter Haltung en face. Ihren Körper bildet ein mit blauer Farbe gezeichnetes Rechteck, an das Beine und Füße mit feinen dünnen Strichen und im Profil nach links angesetzt sind. Ebenso ist es bei den Armen und Händen: der rechte Arm mit seitlich leicht abgewinkeltem Ellbogen hält in seiner Hand gegen den Rahmen hin einen rot gezeichneten dreieckigen Gegenstand (einen konischen Glasbecher?), der herabhängende linke eine Kanne (?). Die Brustwarzen sind durch zwei rote Kreise markiert. Dichtes rotes Haar umrahmt das runde Gesicht mit deutlich abstehenden Ohren. Die Augen bezeichnen zwei Bogen, der Punkt dazwischen die Iris. Die Nase ist kräftig und gerade, der Mund eine kurze horizontale Linie. Die Stirne wird ganz vom dichten Haar verdeckt, in dem man auch einen blau gezeichneten dreieckigen Schmuck erblickt.

Die Frau steht über dem Dach eines 0,21 m hohen schematisch wiedergegebenen Gebäudes, an dessen Fassade man zwei halbrunde Felder und darüber zwei ganz und zwei teilweise erhaltene rechteckige fensterartige Öffnungen mit Bogen erkennen kann.

---

67 Welches genau behandelt ist bei A. Фрова [A. Frova], Римска живопис в една гробница в Силистра [Römische Malerei in einem Grab in Silistra], *Прометей* [Prometej] 7/3—4 (1942/43) 61—69; DEMS., *Pittura romana in Bulgaria*, Roma 1943; Н. Петров [N. Petrov], *Римска гробница в град Силистра* [Ein römisches Grab in der Stadt Silistra], Силистра 1944; C. Verdiani, *L'ipogeo di Durostorum e pitture nelle provincie orientali dell' impero Romano*, Padova 1946 (unediert, Zitat nach W. Dorigo, *Pittura tardoromana*, Milano 1966, 327); Д. П. Димитров [D. P. Dimitrov], Стенописите на късноантичната гробница при Силистра [Die Wandmalereien des spätantiken Grabes bei Silistra], *Архитектура* [Arhitektura] 1/10 (1947) 10—16; A. Frova, Peinture romaine en Bulgarie, *CArt* 29 (1954) 25—40 und 246—259; D. P. Dimitrov, Ancient Tomb in Silistra, *Bulgaria today* 4 (1959) 29; DEMS., Le pitture murali del sepolcro romano di Silistra, *AAM* 12 (1960) 351—65; DEMS., Стил и дата на стенописите от късноантичната гробница при Силистра [Stil und Datum der Wandmalereien von dem spätantiken Grab bei Silistra], *АРХ* [Arh] 3 (1961) 10—21; DEMS., Le système décoratif et la date des peintures murales du tombeau antique de Silistra, *CArch* 12 (1962) 35—52; Ст. Ангелова [St. Angelova], *Силистренската гробница* [Das Grab von Silistra], Силистра s. a.; A. Tschilingirov, *Die Kunst des christlichen Mittelalters in Bulgarien. 4.—18. Jh., Architektur, Malerei, Plastik, Kunsthandwerk*, München 1979, 308; Chr. Danov - T. Ivanov, *Antike Grabmäler in Bulgarien*, Sofia 1980, Abb. 58—72 und Д. П. Димитров [D. P. Dimitrov] - М. Чичикова [M. Čičikova], *Късноантичната гробница при Силистра* [Das spätantike Grab bei Silistra], София 1986.

Das Dach ist durch sich rechtwinkelig schneidene Linien gezeichnet, und zwar in roter Farbe, wie das ganze übrige Gebäude.

Im daneben stehenden Bildfeld befindet sich eine weitere 0,48 m große weibliche Figur, deren Darstellungsart der eben beschriebenen völlig entspricht. Die Beine sind wieder im Profil, die Kontur der Kleidung, welche den Körper bedeckt, ist ebenfalls ein Rechteck in Blau. Bloß die Umrisse des Gesichtes sind rot. Auch das Haar ist blau und trägt roten Schmuck. Die über den Kopf erhobenen in den Ellbogen leicht abgewinkelten Arme halten ein rotes Tablett mit drei runden Gegenständen (Broten oder Früchten?) darauf.

Die Malerei des östlichen Teiles der Wand ist mit dem Verputz abgefallen.

An der Nordwand verläuft 0,37 m über dem Boden über die ganze Länge wieder eine 0,06 m dicke rote Linie, die den unteren Abschluß dreier rechteckiger bogenbekrönter Felder in 0,06 m dicken roten Rahmen bildet. Ihre maximale Höhe im Scheitel des Bogens beträgt 1,07 m, ihre Breite (von west nach ost) 0,37; 0,48 und 0,38 m. Darin dargestellt sind diesmal männliche Figuren. 0,12—0,09 m über diesen Bildfeldern befindet sich das schon einmal beschriebene Gitter, welches spiegelbildlich zur Südwand an zwei Stellen durch Aushöhlungen in der Wand durchbrochen wird, die vermutlich von einem Gerüst zur Errichtung des Gewölbes stammen.

Westlich des westlichsten Rahmens erblickt man auf einer Höhe von 1,20 m über dem Boden eine nach links gewandte weiße Schlange mit grünen Tupfen, rechts oben einen Vogel (?) und unten, 0,17 m über der roten Linie, wieder in Rot ein schildkrötenartiges Tier. Zwischen der Schlange und dem ersten bogenbekrönten Rahmen befindet sich noch eine 0,21 × 0,22 × 0,30 m große Nische, 0,21 m über dem Boden.

In den östlich anschließenden Bildfeldern stehen aufrechte männliche Figuren en face und in gleicher Ausführung wie die weiblichen an der Südwand.

Am besten erhalten ist die Gestalt im westlichsten Feld: sie zeigt einen 0,52 m großen Krieger, dessen Körper ebenfalls nur in den Umrissen eines Rechtecks und in roter Farbe wiedergegeben ist. Beine und Füße sind bloß Linien im Profil nach links. Auch das runde Gesicht mit weit geöffneten Augen, großen Ohren, gerader Nase und dem Mund ist sehr schematisch. Die rechte (!) Hand hält in Brusthöhe seitlich des Körpers einen über den Rahmen ragenden Rundschild, die linke einen Speer, der auf dem imaginären Boden aufgestützt mit seiner Spitze nach oben weist. Auf dem Kopf trägt der Krieger einen spitzen konischen Helm, weiters eine kurze in blauer Farbe ausgeführte *tunica* und um die Hüften einen vorne an den Enden geknoteten roten Gürtel.

Im Nachbarfeld ist ein ebensolcher, wahrscheinlich ungefähr gleich großer Krieger nur mehr teilweise erhalten. Schon die Trennlinie zwischen den beiden Feldern fehlt fast zur gänze und auch von der Figur des zweiten Kriegers sind nur Körper, Kopf und Arme erhalten. Ebenso ist von dem Schild in der rechten und dem Speer in der linken Hand, die übrigens beide wieder über den Rahmen hinausragen, jeweils bloß noch der obere Teil zu sehen. Auf dem Haupt erkennen wir einen Helm, der dem oben beschriebenen gleicht. Auch einen Teil des Gürtels kann man noch ausnehmen.

Im östlichsten Feld sind bloß der Kopf eines Mannes mit gleichem Helm wie die vorher beschriebenen sowie ein Teil des wieder in der rechten Hand befindlichen und über den Rahmen ragenden Schildes erhalten. Die restliche Figur ging samt dem Großteil des Rahmens mit dem abfallenden Putz verloren.

Die Augen der Männer im mittleren und östlichen Bildfeld sind durch Bogen angegeben, die des Kriegers im westlichen durch zwei kleine rote Kreise.

Zwischen den Bögen des westlichsten und des mittleren Rahmens stehen ein voller roter Kreis und eine 0,125 m große Büste mit 11 radialen Linien um das 0,08 m große runde Haupt. Am Anfang und am Ende der radialen Linien sieht man die Ohren. Die Augen bestehen aus einem blauen oberen und einem roten unteren Bogen, mit roter Augenbraue.

Die Westwand zeigt als die Hauptwand etwas anderen Aufbau. 1 m vom Boden entfernt stehen abermals zwei rechteckige, oben mit Bogen abschließende Rahmen. Sie sind aber kleiner als die bisher beschriebenen (nämlich 0,40 m hoch und 0,25 m breit) und mit einer inneren roten und einer äußeren blauen Linie umrissen. Dazwischen befindet sich ein 0,08 m breiter blauer Raum. Die Bögen der zwei Rahmen sind verbunden durch zwei rote Linien, die sich ungefähr auf der Höhe der einander gegenüberstehenden Bogenansätze treffen. Außerdem sind die Bildfelder asymmetrisch gegenüber der Mittelachse der Wand, da das südliche 0,77, das nördliche bloß 0,48 m von der Ecke der Kammer entfernt ist.

Im erstgenannten Bildfeld steht eine 0,30 m große sehr sorgfältig ausgeführte Frau aufrecht und en face. Der Körper und ein Teil der Beine werden bedeckt von einem langen voll gemalten roten Kleid. Die Arme sind über den Kopf — bei dem man sogar Details wie Augen und Nase erkennnen kann — erhoben, sodaß man die breiten bis zu den Ellbogen heruntergezogenen Ärmel des Kleides sehr gut sieht, welches zwei vertikale blaue Streifen *(clavi)* jeweils von den Schultern bis zum unteren Rand schmücken. Der rechte Arm der Figur ist so ausgezeichnet erhalten, daß man sogar die Handfläche und leicht geöffnete Finger erkennen kann. Die Füße erscheinen wieder im Profil nach links.

Daneben rechts (nördlich) ist ein Mann, ebenfalls aufrecht und en face wiedergegeben — in gleich langem roten Kleid *(dalmatica)* mit blauen Streifen wie bei der Frau. Sein linker Arm ist leicht abgewinkelt und der Hüfte zu gerichtet, der rechte nicht mehr erhalten, da an dieser Stelle der Putz bereits abging. Die Füße erscheinen wie bei der Frau im Profil nach links.

Unterhalb dieser beiden Felder mit den Figuren sieht man die Stämme zweier Bäume, beim südlichen auch noch einen Teil der Krone. In den Zweigen sitzen ein Pfau (?) und ein kleiner Vogel — alles in roter Farbe ausgeführt. Weiteres läßt sich wegen des hier besonders stark abgefallenen Putzes leider nicht erkennen.

Oberhalb der beiden Felder mit den Figuren verläuft wieder das schon mehrfach erwähnte Gitter, mit 0,02—0,03 m dicken Linien, 0,18 m hoch.

Direkt darunter, in der Nordwestecke der Kammer ist eine 0,15 m hohe, 0,21 m breite und 0,20 m tiefe Nische angelegt.

Der Bildstreifen über dem eben besprochenen Figurenfries und dem ihn abschließenden Gitter an Süd-, Nord- und Westwand zeigt pflanzliche und geometrische Motive.

Mit 0,40 m Breite an der Westwand umfaßt er beinahe die ganze Lünette ebendort und mit bis zu 0,50 m an der Süd- sowie 0,42 m an der Nordwand auch ein Fünftel des Gewölbes. Der Abschluß oben entspricht völlig dem unten gezeichneten Gitter, welches an der Südwand 0,18 m, an der West- 0,22 und an der Nordwand 0,20 m hoch ist.

Dazwischen — im eigentlichen Bildstreifen — stehen an der Südwand zwei Paar bogenförmig geschwungene Weinstockzweige mit Knospen — das östliche davon über einem heute mit dem Putz völlig abgefallenen Stück des Figurenfrieses. Das zweite (westliche) Paar befindet sich über der Frau mit Tablett über dem Kopf. Über der anderen weiblichen Figur ist ein in roten Umrissen gezeichneter innen blau gefärbter Rhombus mit einer roten vertikalen Linie von der oberen zur unteren Ecke zu sehen.

An der Nordwand stehen über dem östlichen und mittleren Bildfeld des Figurenfrieses ebenfalls zwei Paare solcher Weinstockzweige wie an der Südwand. Über dem westlichen Feld und über der Schlange ist jeweils eine Traube samt Stämmchen — erstere rot, letzteres grün — gemalt.

An der Westwand erkennt man in der Lünette je zwei rote Trauben mit rot- grünen Stämmchen links und rechts eines zentralen etwas unregelmäßigen Kreises mit maximal 0,40 m Durchmesser. Gezeichnet ist dieser durch eine äußere punktierte rote und eine innere durchlaufende blaue Linie. Innerhalb dieses ‚Medaillons' gibt es noch Spuren von roten Linien (eines Christogramms?). Über dem Kreis mit den Weintrauben verläuft — genauso wie unten — 0,22 m hoch und mit 0,01 bis 0,03 m dicken Linien das schon mehrmals beschriebene Gitter.

Deutlich durchbrochen wird das bis jetzt beschriebene Kompositionsschema an der Ostwand und zwar durch den Eingang, der asymmetrisch bezüglich der Mittelachse 0,53 m von der Nord- und 0,68 m von der Südwand entfernt ist. Weder rechts noch links von ihm gibt es irgendwelche Darstellungen. Bloß im Norden verläuft auf der Höhe von 1,60 m über dem Boden, knapp unter dem Türsturz mit 0,18 m Höhe und 0,02 m dicken Linien das schon bekannte Gitter. Höchstwahrscheinlich setzte sich dieses auch südlich des Einganges fort, wo jetzt der Putz fehlt.

Mit der Lünette ist die Wand 2,65 m hoch und 1,89 m breit. Direkt über dem Türsturz, 1,95 m über dem Boden, läuft über ihre ganze Breite ein dicker roter Streifen, der die Lünette abtrennt. Diese ist ziemlich unregelmäßig und von einer durchschnittlich 0,01 m dicken Linie umrissen. In der Mitte 0,15 m über dem dicken roten Streifen — wurde, wie wahrscheinlich auch an der Westwand, in den noch feuchten Putz ein Christogramm eingeprägt. Um jenes ist mit einer kräftigen 0,02 m dicken roten Linie ein unregelmäßiger Kreis von maximal 0,32 m Durchmesser gezeichnet. Links und rechts von diesem ‚Medaillon' stehen die in roter Farbe ausgeführten Konturen je eines 0,48 (im Norden) und 0,44 m (im Süden) hohen Gebäudes mit Satteldach, welches durch schräge zueinander parallel laufende Striche angegeben ist. Die Fassade des nördlichen Gebäudes zeigt drei 0,22—0,24 m hohe und 0,15—0,16 m breite, die des südlichen drei 0,20—0,22 m hohe und 0,16—0,17 m breite Bogen.

Über dieser Komposition trennt eine kräftige bogenförmige rote Linie von 0,04—0,05 m Stärke die Lünette von der Decke. Sie wird gleichsam in zwei Hälften geteilt durch zwei unregelmäßige Kreise, deren einer (westlicher) aus einer 0,06 m dicken roten, der andere (östliche) jedoch aus einer 0,05 m dicken blauen Linie besteht. Der Durchmesser des ersten beträgt von O nach W 1,21, von N nach S 1,33 m. Der des zweiten kann nicht mehr genau angegeben werden, weil ein Großteil davon, wie schon gesagt, bei der Entdeckung zusammen mit dem Gewölbe durch die landwirtschaftliche Maschine zerstört wurde. Bestimmt war er aber kleiner als der erste. Bloß 0,38 m blieben von W nach 0 hin erhalten.

Außerdem führt von diesem Kreis eine 0,20 m lange gerade rote Linie zur Nordmauer hinunter und erreicht dort das Gitter über den pflanzlichen Motiven.

In den beiden Kreisen sind rote und blaue Punkte und über dem Durchmesser des östlichen die eben beschriebenen Reste einer roten Linie zu sehen, die ihn durchschnitt (?).

Erstaunlich gut erhalten haben sich zwischen den Kreisen, am Nord- und Südrand des Gewölbes, zwei vorwiegend rot gemalte Büsten, welche jener zwischen den beiden westlichen Kriegern an der Nordwand ähneln. Ihre Schultern wurden wieder umrißartig wiedergegeben.

Bei der nördlichen Figur sind sie 0,10 m hoch und 0,35 m breit und mit 0,04 m dicken Linien gezeichnet. Auf dem Haupt trägt sie einen Kreis(umfang), den 14 radial angeordnete Striche durchschneiden. Darunter sieht man die deutlich abstehenden Ohren. Das Gesicht bildet ein beinahe regelmäßiger Kreis mit 0,17 m Durchmesser. Die Augen sind durch einen äußeren roten und einen inneren blauen Bogen angegeben, die Nase durch einen rechten Winkel mit 0,04 m Länge und 0,25 m Breite. Der Mund ist ein kräftiger horizontaler Strich von 0,02 m Dicke und 0,05 m Länge.

Die Büste gegenüber (am Südrand des Gewölbes) ist ebenfalls in Rot und bloß in Konturen, mit gleich großem rechteckigen Körper, gezeichnet. Nur ähnelt ihr 0,04 m langer Hals leicht einem Trapez. Das 0,19 m hohe und 0,17 m breite Gesicht entspricht dagegen völlig dem oben beschriebenen der anderen Büste.

Die Augen bestehen auch wieder aus einem äußeren roten und einem inneren blauen Bogen. Oben auf dem Kopf sieht man, abweichend vom vorher geschilderten Gegenüber, dreizehn 0,015 m dicke radial angeordnete Linien, welche ein halbkreisförmiger Bogen umfaßt, ohne sie zu berühren.

Erst während der Drucklegung der vorliegenden Publikation kamen an der Südwand zwischen den weiblichen Figuren noch eine Büste ähnlich der S. 25 beschriebenen und an der Nordwand oben zwischen den Soldaten ein hundartiges Tier (leider ohne Kopf) zum Vorschein.

Benützt wurde das Grab wahrscheinlich nur einmal, da in ihm bloß ein Skelett eines ca. 45-jährigen, 167 cm großen Mannes des lokalen europäischen Typs mit vorwiegend protomediterranen Merkmalen[68] gefunden wurde.

[68] Die anthropologischen Untersuchungen nahm J. JORDANOV vom Anatomischen Institut des BMИ-Sofia vor, dem hiermit nochmals herzlichst für seine Bemühungen gedankt sei. — Außerdem siehe unsere S. 44.

ERSTE SCHLUSSFOLGERUNGEN

Zur Bestattung

Zunächst kann man an Hand des vorliegenden Beispiels wieder einmal deutlich sehen, daß die Christen prinzipiell an der jeweiligen lokalen Tradition — in unserem Fall dem *tumulus* (Hügelgrab) — festgehalten und ihre Gräber nach der allgemein üblichen Sitte[69] durchwegs außerhalb des Wohngebietes angelegt hatten.

Die Auferstehung der Menschen am Ende der Tage als eine Grundwahrheit des neuen Glaubens und die dadurch bevorzugte Körperbestattung brachten hier am Unterlauf der Donau keine Probleme, da die autochthone Bevölkerung der Thraker auch schon einen Jenseitsglauben[70] hatte und diese ebenfalls pflegte. Ähnlich ist die Ausrichtung nach Osten schon lange vor den Christen im paganen Bereich zu finden[71].

Ob daher aber die z. B. in Ägypten und Kleinasien herrschende Vorstellung vom Grab als neue Wohnung des Toten für eine Art refrigerium[72] ebenfalls übernommen wurde, bleibt fraglich. Vielleicht weisen die Frauen an der Südwand unserer Grabkammer auch bloß auf die im gesamten antiken Kulturkreis üblichen Totenmähler[73]. Zur Datierung siehe S. 44.

Zur Datierung

Siehe S. 44.

---

[69] Vgl. unsere A. 49.

[70] Zu ihm siehe besonders unsere A. 235.

[71] Diese Ausrichtung nach der Sonne übernahmen die frühen Christen von den Heiden und praktizierten sie, wie jene, nicht nur bei der Bestattung, sondern ebenso beim Gebet, der liturgischen Handlung an sich und auch bei der Orientierung ihrer Kirchengebäude. — Näheres hierzu u. a. bei H. NIESSEN, *Orientation. Studien zur Geschichte der Religion*, Berlin 1906/07; E. PETERSON, *Das Kreuz und das Gebet nach Osten. Frühkirche, Judentum und Gnosis*, Rom - Freiburg i. Br. - Wien 1959; C. VOGEL, Sol aequinoctialis. Problems et techniques de l'orientations dans le culte chrétien, *RSR* 36/3—4 (1962) 175—211; CH. STRUBE, *Die westliche Eingangsseite der Kirchen von Konstantinopel in justinianischer Zeit*, Wiesbaden 1973 (*Schriften zur Geistesgeschichte des östlichen Europa* 6); F. LANDSBERGER, The Sacred Direction in Synagogue and Church, *The Synagogue. Studies in Origins, Archaeology and Architecture* 1975, 239—261 und M. G. FIRNEIS - E. GÖBEL - CHR. KÖBERL, Zur astronomischen Orientierung der „Virgil"-Kapelle, *AnzWien* 118 (1981) [1982] 240—251.

[72] Genaueres bei A. STUIBER, *Refrigerium interim*, Bonn 1957.

[73] Für Bulgarien sei bloß auf die entsprechenden Grabmalereien in Kazanlăk und Silistra verwiesen. Zu ersteren siehe auch H. ЕГАМИ [N . Egami], Главният мотив в централната камера на Казанлъшката гровница [Das Hauptmotiv in der Zentralkammer des Grabmales von Kazanlăk], *Изкуство* [Izkustvo] 5 (1979) 24—26.

Ikonographische Deutung

Schon ein flüchtiger Blick in unsere Grabkammer zeigt, daß ihre sehr naive Malerei noch völlig in heidnischer Bildtradition steht. Allein durch die an Ost- (Abb. 15) und Westseite angebrachten Christogramme kann sie als christlich bestimmt werden. Nachdem diese in al fresco[74] ausgeführt wurden, ist aber ihre derartige Zuordnung erfreulicherweise ohne Zweifel möglich.

Bleibt das Problem der Interpretation dieser noch sehr kryptischen Bilder, die — wie es aussieht — das gesamte Mysterium[75] der neuen Religion zum Ausdruck bringen.

Den Schlüssel zu einem vorsichtigen Erklärungsversuch scheint die Decke (Abb. 16) zu liefern. Sie zeigt zwei einander gegenüberstehende Büsten zwischen zwei unregelmäßigen und wahrscheinlich verschieden großen Kreisen mit roten und blauen Punkten darin.

Bedenkt man, daß der Kreis[76] gleichsam eine planimetrische Wiedergabe der Kugel ist und eben diese (σφαῖρα[77]) vor allem als Symbol der Vollkommenheit und Unendlichkeit und in der christlichen Ikonographie — etwa bei den Maiestas-Domini-Darstellungen[78] — häufig zur Bezeichnung des Himmels[79] dient, kann man der schon von A. Minčev und P. Georgiev, a. a. O. 413 gegebenen Deutung auf ihn nur zustimmen. Zumal da derartige Grabdekoration bereits lange Tradition besitzt. So wurde z. B. bereits an die Decke der Grabkammer des ägyptischen Pharao Ramses III. ein blauer goldbestirnter Himmel gemalt, und auch in frühchristlichen Gräbern ist der Sternenhimmel an der Decke keine Seltenheit[80]. Selbst noch das sogenannte Mausoleum der Galla Placidia in Ravenna zeigt ihn in Mosaik[81]. Das Gewölbe als reales Abbild des Him-

---

[74] Hinsichtlich der Problematik solcher Begriffe siehe u. a. die Bibliographien von A. Barbet - Cl. Allag, Techniques de préparation des parois dans la peinture murale romaine, *MEFRA* 84 (1972) 1063—1069 und H. Mielsch, Funde und Forschungen zur Wandmalerei der Prinzipatszeit von 1945 bis 1975, mit einem Nachtrag 1980, *ANRW* 2, 12,2 (1981) 184—186.

[75] Zu dem Begriff vgl. u. a. E. Marsh, The Use of Μυστήριον in the Writings of Clement of Alexandria, *JThS* 37 (1936) 64—80; K. Prümm, Mysterion von Paulus bis Origenes, *ZKTh* 61 (1937) 391—425 und G. Kittel, *Theologisches Wörterbuch zum Neuen Testament* 4, Stuttgart 1942, 809—834.

[76] Zum allgemeinen Überblick siehe M. Lurker, *Der Kreis als Symbol im Denken, Glauben und Gestalten der Menschheit,* Tübingen 1981.

[77] Zu ihr vgl. P. E. Schramm, *Sphaira, Globus, Reichsapfel. Wanderung und Wandlung eines Herrschaftszeichens von Caesar bis zu Elisabeth II. Ein Beitrag zum Nachleben der Antike,* Stuttgart 1958; J. Deér, Der Globus des spätrömischen und des byzantinischen Kaisers. Symbol oder Insignie? *ByzZ* 54 (1961) 53—85 und 291—318; P. Arnaud, L'image du globe dans le monde romain: Science, iconographie, symbolique, *MEFRA* 96 (1984) 53—116 usw.

[78] Näheres vor allem bei F. van der Meer, *Maiestas Domini. Théophanies de l'Apocalypse dans l'art chrétien,* Roma - Paris 1938.

[79] Wie auch unsere folgenden Ausführungen zeigen. — Insgesamt vgl. R. Eisler, *Weltenmantel und Himmelszelt. Religionsgeschichtliche Untersuchungen zur Urgeschichte des antiken Weltbildes* 2, München 1910.

[80] Beispiele finden sich u. a. bei G. Thiele, *Antike Himmelsbilder,* Berlin 1898; J. Wilpert, Behandlung des Firmaments in der römischen Kunst, in: *Die römischen Mosaiken und Malereien der kirchlichen Bauten vom IV. bis XIII. Jahrhundert* 1 (Text), Freiburg i. Br. 1916, 53—57; K. Lehmann, a.a.O.; B. Иванова [V. Ivanova], Украса на гровница I намърена подъ сградата на Народната Библиотека [Schmuck des Grabes I unter dem Gebäude der Nationalbibliothek], *ИАИ* [IAI] 14 (1940—1942) 242—249 und A. Grabar, L'iconographie du ciel dans l'art chrétien de l'antiquité et du moyen âge, *CArch* 30 (1982) 5—24.

[81] Genaueres bei F. W. Deichmann, *Ravenna. Geschichte und Monumente,* Wiesbaden 1969 (*Hauptstadt des spätantiken Abendlandes* 1), 158—170.

mels findet sich als Grundidee übrigens auch von der Kuppel des Pantheon in Rom[82] bis hin zu jener der Sophienkirche in Konstantinopel[83].

Weshalb wurde aber in unserem Grab der Himmel gleich zweimal dargestellt? Bei genauerer Beobachtung fällt auf, daß der eine Kreis rot, der andere blau umrandet ist, und da Rot die Farbe des Morgenhimmels, d. h. der wiedergeborenen Sonne[84], Blau dagegen die der Nacht[85] ist, könnte damit der Himmel einmal bei Tag und einmal bei Nacht gemeint sein. Vergleicht doch schon Empedokles[86], wie später die Orphiker, den Kosmos mit einem Ei, wobei er eine dunkle und eine helle Himmelshälfte annimmt, deren Umschwung Tag und Nacht bewirkt. Tatsächlich gibt es den blau-rot gerandeten Himmel häufig — etwa an der Decke von S. Maria della Croce in Casaranello (Abb. 17)[87]. Auch in der Miniaturmalerei findet man viele Parallelen: So ist u. a. im Pariser Psalter beim Gebet des Isaias ebenfalls der Nachthimmel blau mit weißen Sternen neben einer zweiten roten Sphäre mit der Hand Gottes wiedergegeben[88]. Weitere Bestätigung unserer Interpretation erhalten wir durch ein aus dem 13. Jahrhundert stammendes Mosaik[89] in der Vorhalle des Markusdomes von Venedig (Abb. 18)[90]. Dort scheidet Gott nämlich in der sogenannten Genesiskuppel gerade das Licht von der Finsternis „*appellavitque* (nach Gen. 1,5) *lucem diem tenebras noctem*". Also ist die rote Kugel als *lux* = *dies* und die blaue als *tenebrae* = *nox* zu interpretieren[91]. Genauso darf man wohl die blauen und roten wellenförmigen (Wolken) Gebilde in den Apsisbildern[92] von

---

[82] Etwa bei Dio Cassius, hist. 53,27: ... ὅτι θολοειδὲς ὄν [τὸ Πάνθειον] τῷ οὐρανῷ προσέοικεν.

[83] Sie beschreibt Paul. Sil., ekphras. 489 ff. (P. FRIEDLÄNDER 241).

[84] Beachtenswert erscheint in diesem Zusammenhang die Tatsache, daß beinahe die gesamte Malerei unserer Grabkammer so ausgeführt ist, was vielleicht doch nicht nur bloßer Zufall sein wird. — Vgl. E. WUNDERLICH, *Die Bedeutung der roten Farbe*, Giessen 1925 u. ä. — Wohl überwiegt diese Farbe auch in Kazanlăk und Silistra, allerdings nicht in solchem Ausmaß. Andererseits darf man freilich, speziell bei dem schlechten Erhaltungszustand unseres Grabes, nicht übersehen, daß Rot und Gelb erwiesenermaßen die längste Lebensdauer unter den Farben haben und schon daher etwa auch am sogenannten Klagefrauensarkophag im Archäologischen Museum von Istanbul wesentlich besser erhalten sind als z. B. das Blau.

[85] Zu ihr siehe R. BREUSTEDT, *Die Entstehung und Entwicklung des Nachtbildes in der abendländischen Malerei*, Diss. Göttingen 1966. — Näheres zum Mond findet sich auf unserer S. 35.

[86] Über dessen Lehre erfahren wir bei H. DIELS, *Die Fragmente der Vorsokratiker* 1, [8]Berlin 1956, 288, Nr. 30 von Plut. (Pseudoplut.), strom. ap. Eus. P. E. 1,8,10 (D. 582, aus Theophrast): ... εἶναι δὲ κύκλωι περὶ τὴν γῆν φερόμενα δύω ἡμισφαίρια τὸ μὲν καθόλου πυρός, τὸ δὲ μικτὸν ἐξ ἀέρος ὀλίγοο πυρος, ὅπερ ὄιεται τὴν νύκτα εἶναι und 322 von ihm selbst frg. 26: ἐν δὲ μέρει κρατεουσι (die Elemente) περιπλομέοιο κύκλοιο.

[87] Näheres bei B. BRENK, a. a. O. zu Abb. 19 a.

[88] H. OMONT, *Miniatures des plus anciens manuscrits grecs*, Paris 1929, pl. 12.

[89] Welches auf älteren Vorlagen — nämlich der sogenannten Cotton-Bibel — basiert.

[90] Die wichtigste Literatur ist gesammelt bei S. BETTINI, *Mosaici di San Marco*, Milano 1968, 16; O. DEMUS, *The Mosaics of San Marco in Venice* 1—4, Chicago - London 1984; G. HELLENKEMPER - H. N. LOOSE, *Im Anfang schuf Gott Himmel und Erde. Der Mosaikzyklus im Markusdom von Venedig*, Freiburg i. Br. 1986 und G. HELLENKEMPER SALIES, Die Schöpfungsgeschichte. Der alttestamentliche Mosaikzyklus in der Vorhalle des Markusdoms zu Venedig, *Die Kunst* 6 (1986) 430—437. — Insgesamt vgl. dazu CHR. SCHMIDT, *Die Darstellung des Sechstagewerkes von ihren Anfängen bis zum Ende des 15. Jahrhunderts*, Diss. Hildesheim 1938; PH. RECH, *Inbild des Kosmos. Eine Symbolik der Schöpfung* 1—2, Salzburg - Freilassing 1966 und J. ZAHLTEN, *Creatio mundi. Darstellungen der sechs Schöpfungstage und naturwissenschaftliches Weltbild im Mittelalter*, 1979 (*Stuttgarter Beiträge zur Geschichte und Politik* 13).

[91] Sicher nichts zu tun hat diese Doppelung mit den in der Heiligen Schrift wiederholt genannten „Himmeln", etwa in Ps. 18,2 (Οἱ οὐρανοὶ διηγοῦνται δόξαν θεοῦ) u. ö. (z. B. in den von Ludwig van Beethoven vertonten „Die Himmel rühmen des Ewigen Ehre").

[92] Näheres bei CHR. IHM, *Programme der christlichen Apsismalerei vom vierten Jahrhundert bis zur Mitte des achten Jahrhunderts*, Wiesbaden 1960 (*Forschungen zur Kunstgeschichte und christlichen Archäologie* 4).

S. Agnese, SS. Cosma e Damiano, S. Pudenziana (in Rom), S. Apollinare in Classe (in Ravenna), der Euphrasiusbasilika (in Poreč/Jugoslawien) etwa und auch die Kreise auf unserer Decke deuten[93].

Demzufolge müssen die roten und blauen Tupfen in den Himmeln Sterne bezeichnen.

Daß solche auch am Tageshimmel erscheinen können, zeigt z. B. Mesomedes, der in seinem Helioshymnus (hy. 10) nach der Entstehung des Tages durch die Sonne Vers 17f. (ed. K. Horna 37) schreibt: σοὶ μὲν χορὸς εὔδιος ἀστέρων / κατ' Ὄλυμπον ἄνακτα χορεύει. Doch erklärt uns u. a. Dracontius[94], daß das gemeinsame Leuchten von Tag- und Nachtgestirnen einen außergewöhnlichen Tag im Gegensatz zu *quacumque die* (a. a. O. 222) bezeichnet. Ein solcher epiphaner Tag ist etwa der der Schöpfung oder Neuschöpfung, die z. B. bei Firmicus Maternus[95] mit dem täglichen Sonnenaufgang gleichgesetzt wird — ähnlich wie vorher schon im ägyptischen Totenbuch[96] oder später bei Dante[97]. Ebensogut könnte freilich — vor allem in unserem Fall[98] — auch der Auferstehungstag gemeint sein.

Von den Monumenten läßt sich hierzu besonders die alte Dekoration von S. Paolo f. l. m. in Rom anführen, die 1270—90 restauriert, dann aber leider 1823 durch einen Brand zerstört und uns daher nur in einer Kopie des Jahres 1634 faßbar wird (Abb. 19[99]). Danach steht über einem Lamm eine nimbierte (Christus)Büste in einem doppelt umrandeten gestirnten Himmelskreis zwischen SOL = LVCEM und LVNA = TENEBRAS. Ihr vergleichbar ist eine Darstellung auf f. 6 der um die erste Jahrtausendwende entstandenen Rodabibel (Abb. 20[100]). Sie zeigt in der Mitte der obersten Bildreihe den sternenbesäten und teilweise von Wolken bedeckten Himmel mit den vier Tageszeiten. Daneben links steht eine halbnackte weibliche Gestalt in bläulicher Färbung mit Mondsichel und Lunabüste auf dem Haupt, welche die Beschrift NOX ein-

---

[93] Ungeklärt bleibt freilich, weshalb hier der Nachthimmel an der Ost-, der Taghimmel dagegen an der Westseite steht.

[94] Laud. Dei 1,231f. (*MGH auct. ant.* 14,34): ... *cum luna et sidera cuncta/ostentans* (sc. Sol) *sub vere novo, sub tempore primo.*

[95] Mathes. 5 praef. 5: *Vosque perennium siderum cursus, Luna etiam humanorum corporum mater, et tu o omnium siderum princeps, qui menstruis Lunae cursibus lumen adimis pariter et reddis, Sol optime maxime qui omnia super omnia per dies singulos maiestatis tuae moderatione conponis usw.*

[96] G. Thausing - T. Kerszt-Kratschmann, *Das große ägyptische Totenbuch „Papyrus Reinisch" der Papyrussammlung der Österreichischen Nationalbibliothek,* Kairo 1969 (*Schriften des Österreichischen Kulturinstituts Kairo. Archäolog.-Histor. Abt.* 1).

[97] Inferno 1,57—60: *tempo era dal principio del mattino/e il sole montava su con quelle stelle/ch'eran con lui, quando l'amore divino, mosse da prima quelle cose belle* u. ö. — Daß mit *con quelle stelle* (V. 58), wie manche Kommentatoren meinen, bloß Venus und Merkur bezeichnet seien, läßt sich nicht nachweisen. — Näheres siehe außerdem bei R. Dangel, Tagesanbruch und Weltentstehung, *Studi e materiali di storia delle religioni* 14 (1938) 65—81.

[98] Siehe unsere A. 150 und A. 153.

[99] Nach J. Wilpert, *Die römischen Mosaiken und Malereien* 2,584. — Bezüglich ihres Vorbildcharakters sei verwiesen auf J. Garber, *Wirkungen der frühchristlichen Gemäldezyklen der alten Peters- und Pauls-Basiliken in Rom,* Berlin - Wien 1918 (*Wiener kunstgeschichtliche Forschungen* 2); S. Waetzoldt, *Die Kopien des 17. Jh.s nach Mosaiken und Wandmalereien in Rom,* Wien - München 1964 *(Veröffentlichung der Bibliotheca Hertziana),* 57, Nr. 590 sowie Abb. 328 und H. Fillitz, Zum Problem der Deckenfresken Michelangelos in der Sixtinischen Kapelle, *RömHistMitt* 27 (1985) 401—412.

[100] Bei W. Neuss, *Die katalanische Bibelillustration um die Wende des ersten Jahrtausends und die altspanische Buchmalerei. Eine neue Quelle zur Geschichte des Auslebens der altchristlichen Kunst in Spanien und zur frühmittelalterlichen Stilgeschichte,* Bonn - Leipzig 1922 (*Veröffentlichungen des romanischen Auslandsinstituts der rheinischen Friedrich Wilhelms-Universität Bonn* 3), 10—15.

deutig als Personifikation der Nacht bestimmt. Ihr gegenüber (rechts) befindet sich der Tag (DIES), der einen Strahlenkranz mit dem Bild des Sol auf dem Kopf trägt.

Damit sind wir aber — durch die bereits genannten Texte[101] und Denkmäler — schon längst bei der Gleichung Tag[102]-Licht-Sonne, die auch im Sonnenhymnus der Anthologia Latina (Nr. 389, F. BUECHELER - A. RIESE - E. LOMATZSCH 300—303) ausgeführt ist. Setzt man hierzu noch die Antonyme Nacht-Finsternis-Mond, sind wir wieder bei unserer eigentlich symmetrisch aufgebauten Grabdecke. Also können dort die beiden einander gegenüberstehenden Figuren[103] mit in einem Fall durch einen nimbusartigen Bogen (Abb. 21), im anderen (Abb. 22) durch einen kleinen inneren Kreis zusammengefaßten Strahlen um den Kopf — besonders nach Vergleich mit der an der Nordwand zwischen den Kriegern wiedergegebenen Solbüste[104] — zuverlässig als Sol und Luna interpretiert werden[105].

Fraglich bleibt allerdings, welche der beiden Figuren die Sonne und welche den Mond bezeichnet. Das läßt sich wohl nur nach Vergleich mit sicher bestimmten Darstellungen entscheiden. Diese gibt es ja erfreulicherweise in reicher Zahl, denn schon auf heidnischen Denkmälern, darunter z. B. den Münzen[106], erscheinen die Gestirne sehr häufig, personifiziert und als Brustbilder. Besonders oft treten sie in kosmologischem Kontext, d. h. etwa in Verbindung mit dem Zodiakus im Mithraskult (Abb. 23)[107] auf. Später finden wir sie auch in jüdischen Bodenmosaiken, z. B. in der aus dem vierten Jahrhundert stammenden Synagoge von Hammath Tiberias[108]. Häufig treffen wir sie weiters auf Elfenbeindiptycha[109] und dann auf christlichen Denkmälern wie den Ampullen in Monza[110] und dem Rabulaskodex[111], vor allem bei Kreuzigungsdarstellungen[112]. Interessanterweise lassen schon der vorne zitierte karthagische Dichter Dra-

101 Die ich übrigens alle K. SMOLAK (Wien) verdanke.

102 Bezüglich seiner soteriologischen Bedeutung vgl. weiters W. HAVERS, Zur sprachlichen Differenzierung, in: *Festschrift A. Debrunner*, Bern 1954, 171—177.

103 Welche möglicherweise analog zum Himmel gleichsam eine Vorder- und Hinteransicht in der Art der Janushermen darstellen.

104 Näheres S. 45.

105 Unmittelbar vergleichen läßt sich die Tomba del Sole e della Luna in Vulci.

106 Zu ihnen siehe die Zusammenstellung bei H. USENER, Sol invictus, *RhMus* 60 (1905) 465—491 und bes. 470 ff. sowie unsere A. 226.

107 Zuletzt bei R. MERKELBACH, *Mithras*, Hain 1984.

108 Genaueres bei G. STEMBERGER, Die Bedeutung des Tierkreises auf Mosaikfußböden spätantiker Synagogen, *Kairos* N. F. 17/1 (1975) 23—56; R. HACHLILI, The Zodiac in Ancient Jewish Art. Representation and Significance, *Bull. Americ. Schools Orient. Res.* 228 (1977) 61—77 u. ö. — Zu Hammat vgl. M. DOTHAN, The Representation of Helios in the Mosaic of Hammath-Tiberias, *Atti del convegno internazionale sul tema: Tardo Antico e Alto Medioevo, Roma 4—7 aprile 1967, Quaderno dell'Accademia Nazionale dei Lincei* 105 (Roma 1968) 99—104. — Außerdem siehe A. MAIER, Die Sonne im religiösen Denken des antiken Judentums, *ANRW* 2, 19,2 (1979) 346—412.

109 Beispiele hierzu findet man bei W. F. VOLBACH, *Elfenbeinarbeiten der Spätantike und des frühen Mittelalters*, ^{3}Mainz 1976, 137, 149 usw.

110 Etwa bei A. GRABAR, *Ampoules de Terre Sainte*, Paris 1958, pl. 14, 16, 18 usw.

111 Siehe besonders C. CECCHELLI - F. FURLANI - M. SALMI, *The Rabbula Gospels. Facsimile Edition of the Miniatures of the Syriac Manuscript plut. I, 56 in the Medicaean-Laurentian Library Edidit and Commented . . .*, Olten - Lausanne 1959 (*Monumenta Occidentis* 1), f. 13.

112 Vgl. zuletzt J. ENGEMANN, Zur Position von Sonne und Mond bei Darstellungen der Kreuzigung Christi, in: O. FELD - U. PESCHLOW (Hrsgg.), *Studien zur spätantiken und byzantinischen Kunst, gewidmet F. W. Deichmann* 3, Bonn 1986 (*Röm. Germ. Zentralmus., Monographien* 10,3), 95—101 (mit weiterer Literatur).

contius[113] und der unbekannte Verfasser des *Carmen de nativitate vita passione et resurrectione Domini* beim Tod Christi nicht nur die biblisch bezeugte Sonne, sondern auch den Mond teilnehmen, um damit, wie Ps. Dionysios Areopagites[114] sagt, den Aufruhr in der Natur anzudeuten, indem die Sonne sich verdunkelt und der Mond sich in Blut verwandelt.

Ziemlich einzigartig ist eine Darstellung der Träume des ägyptischen Joseph in der Neuen Katakombe an der Via Latina/Rom[115]. Insgesamt darf man aber trotz aller formaler Elemente aus dem heidnischen Bereich nicht gleich auch an eine inhaltliche Beeinflussung der christlichen Bilder denken[116]. Meist ist es nämlich nur die gleiche Umwelt, die zu ähnlichen Ausdrucksformen führt[117].

Nach diesem kurzen Streifzug durch die Denkmäler und der bereits vorne angeführten Solbüste zwischen den Soldaten (Abb. 47) scheint die Figur am Südrand der Decke unseres Grabes die Sonne und die am Nordrand den Mond zu bezeichnen.

Daß selbst jener Strahlen trägt, ist nicht weiter verwunderlich, wenn man bedenkt, daß sich sowohl Selene von σέλας (Lichtglanz)[118] als auch Luna von *lunare* (leuchten)[119] herleitet. In Venedig (Abb. 18) ist die Sphaira der Nacht ebenfalls von Strahlen umgeben und schließlich kann damit, wie wir S. 37—40 noch zeigen werden, sogar etwas ganz Spezielles bedeutet sein. Geht man vom Bestatteten aus, ist die Anordnung der beiden Gestirne in unserem Grab völlig einleuchtend, denn wie bei Mithras und dem gekreuzigten Christus steht Sol zu seiner Rechten, Luna zu seiner Linken.

Die Bedeutung der Sonne in der einheimischen (thrakischen) Religion, über die wir leider insgesamt viel zu wenig wissen[120], wurde erst jüngst dargelegt[121].

---

113 Laud. Dei 2,522 ff. (*MGH auct. ant.* 14,83).

114 Epist. 7,2 (*PG* 3,1080 C) — und wie es auch in einer Höhlenkirche des 10. Jahrhunderts von Çavuşin (Kappadokien) durch eine bläuliche Sonne und einen rötlichen Mond dargestellt ist (Näheres hierzu in der A. 112 — bei J. Engemann).

115 Bei A. Ferrua, *Le pitture della nuova catacomba di Via Latina*, Città del Vaticano 1960 (*Monumenti di Antichità Cristiane* 8), 50 und tav. 96.

116 Eine solche wollte etwa J. Valeva, Sur certaines particularités des hypogées paléochrétiens des terres thraces et leurs analogues en Asie Mineure, *Anatolica* 7 (1979—1980) 126 f. von Seiten des Mithraismus sehen — nach A. Schütz, *Mithras-Mysterien und Urchristentum*, Stuttgart 1972; G. Ristow, Mithräische Ikonographie. Bildthemen und Einbindung in die Typologie der Spätantike und des frühen Christentums, *Symbolon* N. F. 3 (1977) 143—171; L. Vidman, Isis, Mithras und das Christentum, *Das Korpus der griechischen christlichen Schriftsteller*, Berlin 1977; G. Lease, Mithraism and Christianity: Borrowings and Transformations, *ANRW* 2,23,2 (1980) 1306—1332 u. a. — obwohl z. B. bereits M. Gervers, The Iconography of the Cave in the Christian and Mithraic Tradition, *Mysteria Mithrae. Atti del sem. int. Roma - Ostia 1978*, Leiden 1979 (*EPRO* 80), 579—599 und P. Testini, Arte mitriaca e arte cristiana, *ebend.* 429—457 die Unrichtigkeit derartiger Hypothesen aufgezeigt haben. Weiters ergibt sich diese auch daraus, daß der Mithraskult zur Blütezeit der frühchristlichen Kunst eigentlich schon am Absterben war.

117 Eine Art Gesamtüberblick zur ikonographischen Wiedergabe von Sonne und Mond findet man bei F. Piper, *Mythologie der christlichen Kunst von der ältesten Zeit bis in's sechzehnte Jahrhundert* 2, Weimar 1851, 116 ff. — Ferner vgl. J. Toutain, Les symboles astraux sur les monuments funéraires de l'Afrique du Nord, *REA* 13 (1911) 165—175 und I. Wellner, Mit Astralsymbolen verziertes Altarsteinbruchstück aus Aquincum, *Kultur und Natur in Niederösterreich — Studien und Forschungen* 1 (1976) 114—120 (mit weiterer Literatur).

118 Näheres bei H. Frisk, *Griechisches etymologisches Wörterbuch* 2, Heidelberg 1970, 69 f. s. v. σελήνη.

119 Hierzu siehe A. Walde, *Lateinisches etymologisches Wörterbuch* 1, ⁴Heidelberg 1965, 833 f. s. v. *luna*.

120 Der beste Überblick ist immer noch der von G. Kazarov, Thrakische Religion, *RE* 6 A (1936) 472—551 s. v. Thrake.

121 Bei Z. Gočeva, Le culte solaire chez les Thraces, *Pulpudeva* 2, Plovdiv 4—19 Oct. 1976, Sofia 1978, 343—349. — Ansonsten Literatur über die Sonne anzuführen, ist ein uferloses Unterfangen, dennoch seien hier auswahlweise wenigstens einige der studierten Titel genannt: G. Nagel, Le culte du soleil dans

Der Mond[122] wiederum ist seit alters her Zeitmesser, was sich sogar den meisten indogermanischen Bezeichnungen deutlich entnehmen läßt[123]. U. a. geht auch das deutsche Wort (Mond) auf die Wurzel *ma = messen zurück und schon nach Ps. 103, 19 (LXX) „schuf er (Gott) den Mond zum Maß der Zeiten"[124].

Außerdem stehen, wie wir sehen werden, Sol und Luna in Ossenovo für Tag und Nacht. Auch in poetischen Texten fallen diese mehr oder weniger zusammen[125].

Nun heißt aber ‚Tag und Nacht' für den Menschen auch soviel wie ‚immer'[126], weshalb der eschatologische Aspekt ebenfalls nicht übersehen werden darf. Zumal da Chronos, der orphische Gott der unendlichen, ewigen Zeit synonym mit dem Aion[127] ist. Ferner hat auch der jüdische Zeitgott Ēn-sōf wie der römische Janus zwei ‚Gesichter', die sich eindeutig als Sonnen- bzw. Mondscheibe erweisen[128]. Schließlich finden sich Spuren vom Αἰων Λόγος des Heraklit[129] sogar noch im Prolog des Johannesevangeliums[130], also bei jenem biblischen Verfasser, der sich unter Umständen längere Zeit im jonischen Kleinasien aufgehalten und damit wohl auch unter dem Eindruck der Naturphilosophen gestanden hat.

Sicher mindestens ebenso vertraut war ihm aber die jüdische Lichtsymbolik[131], die Gott bereits im Alten Testament[132] als die Sonne der Gerechtigkeit[133] preist.

Damit erscheint der Logos des Neuen Testaments in Erfüllung beider Traditionen als das wahre Licht, welches (nach Io. 1, 9 und Parallelstellen) Christus ist[134].

---

l'ancienne Egypte, *Eranos-Jahrbuch* 10 (1943) 9—56; J. Assmann, *Sonnenhymnen in thebanischen Gräbern*, Mainz 1983; F. Boll, *Die Sonne im Glauben und in der Weltanschauung der alten Völker*, Stuttgart 1922; J. Maier, Die Sonne im religiösen Denken des antiken Judentums, *ANRW* 2, 19, 1 (1979) 346—412; F. Cumont, La théologie solaire du paganisme romain, *Mémoires de l'Académie des inscriptions et Belles-Lettres* 12, 2 (1909) 447—479; K. Kerényi, Vater Helios, *Eranos-Jahrbuch* 10 (1943) 81—124; W. Wili, Die römischen Sonnengottheiten und Mithras, *ebend.* 125—168; R. Engler, *Die Sonne als Symbol. Der Schlüssel zu den Mysterien*, Zürich 1962; W. Herdeg (Hrsg.), *The Sun in Art. Sun Symbolism, from the Past to the Present, in Pagan and Christian Art, Folk Art and Applied Art*, Zürich 1962 u. ä. auch in unseren A. 133 und 134.

[122] Zu ihm vgl. u. a.: *La lune. Mythes et rites. Égypte, Sumer, Babylone, Hittites, Canaan, Israel, Islam, Iran, Inde, Cambodge, Japon, Chine, Sibirie*, Paris 1962 (*Sources orientales* 5) and Cl. Preaux, *La lune dans la pensée grecque*, Bruxelles 1973 (*Acad. Royale de Belgique, Mém. de la classe des lettres*, ser. 2, 16, 4).

[123] Siehe Ph. Rech, a. a. O. 2, 560, A. 7.

[124] Ἐποίησεν σελήνην εἰς καιρούς.

[125] So schreibt etwa Iulius Montanus bei seiner Tagesanbruchschilderung (lf.): *incipit ardentes Phoebus producere flammas/spargier et rubicunda dies.* Albinovanus Pedo, frg. 1 (ed. Morel 115) gebraucht sie gar als Hendiadyoin: *post terga diem solemque relictum.*

[126] Schon Is. 60, 20 prophezeit Jerusalem: οὐ γὰρ δύσεται ὁ ἥλιος σοι, καὶ ἡ σελήνη σοι οὐκ ἐκλείψει · ἔσται γὰρ κύριος σοι φῶς αἰώνιον ... und Ps. 120, 6 (LXX): ἡμέρας ὁ ἥλιος οὐ συγκαυσει σε/οὐδὲ ἡ σελήνη τὴν νύκτα, d. h. stets wird dich Jahwe vor allem Übel bewahren.

[127] Siehe R. Chevalier, *AION. Le temps chez les romains*, 1976.

[128] Nicht unumstritten sind die Ergebnisse von P. Maser, Sonne und Mond. Exegetische Erwägungen zum Fortleben der spätantik-jüdischen in der frühchristlichen Kultur, *Kairos* 25 (1983) 41—67.

[129] A. Aall, *Geschichte der Logosidee in der griechischen Philosophie*, Leipzig 1896 und ... *in der christlichen Literatur*, Leipzig 1899 (Reprint 1968).

[130] Zu ihm vgl. besonders R. Schnackenburg, *Das Johannesevangelium* 1, 5Freiburg - Basel - Wien 1981 (*Herders Theologischer Kommentar zum Neuen Testament* 4/1) 197—269.

[131] Näheres in unserer A. 145.

[132] Malach. 4, 2 (= 3, 20): καὶ ἀνατελεῖ ὑμῖν τοῖς φοβουμένοις τὸ ὄνομα μου ἥλιος δικαιοσύνης u. ö.

[133] Hierzu vgl. F. J. Dölger, *Die Sonne der Gerechtigkeit und der Schwarze*, Münster 1918 (*Liturgiegeschichtliche Forschungen* 2) und die folgende A.

[134] Vgl. F. J. Dölger, *Sol salutis. Gebet und Gesang im christlichen Altertum. Mit besonderer Rücksicht auf die Ostung in Gebet und Liturgie*, 2Münster 1925; dens., Sonne und Sonnenstrahl als Gleichnis in der Logos-Theologie im christlichen Altertum, *AC* 1 (1929) 271—291; dens., Lumen Christi ..., *ebend.* 5 (1936) 1—43

Aus dem gleichen (synkretischen) Sinn entstand ungefähr um die Mitte des dritten Jahrhunderts in der sogenannten Juliergruft unter St. Peter in Rom ein vom Bildtypus her völlig mit dem heidnischen Gott Helios identischer Christus in der Quadriga inmitten des mystischen Weinstockes (Abb. 24)[135]. Interessanterweise befindet sich auch dieser an der Decke des Grabes und läßt sich nur durch die an den Wänden angebrachten Bibelszenen (vor allem den vom Ketos verschlungenen Jonas der Ostseite) als solcher erweisen. Zum Teil wollte man damit sicher ganz bewußt dem heidnischen Kult entgegenwirken, wie ja auch Kaiser Konstantin[136] am 3. Juli 321 das Weihnachtsfest[137] auf den 25. Dezember, den *Natalis solis invicti*[138] verlegt hat, um so den Geburtstag des wahren Sonnengottes an dem Tag der neu aufsteigenden Sonne feiern zu können[139]. Ähnlich wurde — wegen der Auferstehung Christi[140] — der Wochenbeginn vom römischen Saturntag auf den orientalischen *dies solis* verlegt[141].

---

und Das Sonnengleichnis in der Weihnachtspredigt des Bischofs Zeno von Verona. Christus als wahre und ewige Sonne, *ebend.* 6 (1940/50) 1—56; M. PULVER, Die Lichterfahrung im Johannes-Evangelium, im Corpus hermeticum, in der Gnosis und in der Ostkirche, *Eranos-Jahrbuch* 10 (1943) 253—260; W. ECKLE, *Geist und Logos bei Cicero und im Johannesevangelium. Eine vergleichende Betrachtung des „Somnium Scipionis" und der johanneischen Anschauung vom Abstieg und Aufstieg des Erlösers,* Hildesheim 1978 (Spudasmata 36) und neulich J. VĂLEVA, Two Tombs in the Balkans and the Sun-Worship in the Early Christian Period, in: V. GJUZELEV - R. PILLINGER (Hrsg.), *Das Christentum in Bulgarien und auf der übrigen Balkanhalbinsel in der Spätantike und im frühen Mittelalter, 2. intern. Symp., Haskovo (Bulgarien) 10.—13. Juni 1986,* Wien 1987, 283—292.

[135] Die beste Veröffentlichung hierzu ist die von O. PERLER, *Die Mosaiken der Juliergruft im Vatikan,* Freiburg/Schweiz 1953 (*Freiburger Universitätsreden* N. F. 16).

[136] Laut Codex Theodosianus 2,8,1.

[137] Insgesamt vgl. dazu H. USENER, *Das Weihnachtsfest,* ²Bonn 1911; F. J. DÖLGER, *Sol salutis* 186 ff.; D. B. BOTTE, *Les origines de la Noël et de l'Epiphanie. Étude historique,* Louvain 1932 (Neudruck 1961); J. MOSSAY, *Les fêtes de Noel et d'Epiphanie d'après les sources littéraires cappadociennes du IVe siècle,* Louvain 1965 (*Textes et Études liturgiques* 3); E. MOLLAND, Jól et Noel: la christianisation d'un fête païenne, in: *Paganisme, Judaisme, Christianisme. Influences et affrontements dans le monde antique. Mélanges offerts à Marcel Simon,* Paris 1978, 307—314 und H. J. AUF DER MAUR, *Feiern im Rhythmus der Zeit I. Herrenfeste in Woche und Jahr,* Regensburg 1983 (*Gottesdienst der Kirche, Handbuch der Liturgiewissenschaft* 5,5), 154—176 (mit weiterer Literatur).

[138] Zu ihm siehe unsere A. 106 und S. 45. — Bezüglich des ursprünglichen und heute noch im Osten praktizierten Ansatzes der Weihnacht am 6. 1. hat bereits E. NORDEN, *Die Geburt des Kindes. Geschichte einer religiösen Idee,* Leipzig - Berlin 1924 (*Studien der Bibliothek Warburg* 3), bes. 33 ff. gezeigt, daß er durch die Umstellung auf die julianische Reform entstand.

[139] In einem unter dem Namen des Johannes Chrysostomos überlieferten Traktat *de solstitiis et aequinoctiis* (*PLS* 1, 567) heißt es wörtlich: *Sed et invicti natalem appellant. Quis utique tam invictus nisi dominus noster qui mortem subactam devicit? Vel quod dicant solis esse natalem ipse est sol iustitiae de quo malachias propheta dixit: Orietur vobis timentibus nomen ipsius sol iustitiae et sanitas in pennis eius* [Mal. 4,2].

[140] Vgl. Mtth. 28,1; Mc. 16,2; Lc. 24,1 und Io. 20,1: μία σαββάτων (Pl.!), was besonders nach Mc. 16,1 (Καὶ διαγενομένου τοῦ σαββάτου) wohl nur den Sonntag als die Nummer eins der Woche bezeichnen kann.

[141] So predigt noch Hieronymus seinen Mönchen in Bethlehem *in die dominica paschae* (Anecdota Maredsolana 3,2, ed. D. G. MORIN 418): *Dies dominica* (diese Bezeichnung des Sonntags erhielt sich in den romanischen Sprachen, etwa im italienischen la domenica, im französischen la dimanche und im rumänischen duminică), *dies resurrectionis* (so — nämlich Воскресенъе — heißt er heute noch im Russischen), *dies Christianorum, dies nostra est. Unde et dominica dicitur: quia Dominus in ea victor ascendit ad Patrem. Quod si a gentilibus* (wie im deutschen Sonntag und im englischen Sunday — obwohl freilich auch schon Iust. mart., apol. 1,67 schreibt: Καὶ τῇ τοῦ Ἡλίου λεγουμένῃ ἡμέρᾳ κτλ.) *dies solis vocatur, et nos hoc libentissime confitemur: hodie enim lux mundi orta est, hodie sol iustitiae ortus est, in cuius pennis est sanitas* und später im fünften Jahrhundert Maximus von Turin, hom. 61 (*PL* 57, 371): *ipsa dies ab hominibus saeculi dies solis vocatur, quod ortus iam sol iustitiae Christus illuminet.* — Insgesamt siehe hierzu TH. ZAHN, *Geschichte des Sonntags, vornehmlich in der alten Kirche,* Erlangen - Leipzig 1894 (*Skizzen aus dem Leben der alten Kirche*); H. LECLERCQ - F. CABROL, *DACL* 4/1 (1920) 858—994, s. v. dimanche; J. NEDBAL, *Sabbat und Sonntag im Neuen Testament,* Diss. Wien 1956; J. M. NIELEN, *Das Zeichen des Herrn. Sabbat und Sonntag in biblischer und*

Bald danach, d. h. Anfang des fünften Jahrhunderts, erscheint an der Holztür von S. Sabina/Rom Christus — über Vermittlung der Kaiserikonographie — wieder im Typus des *Sol invictus* (Abb. 25). Doch ist auch damit, wie das apokalyptische A und ω zu seinen Seiten zeigt, nicht bloß seine Herrschaft über den gesamten Kosmos, sondern letztlich eine eschatologische[142], d. i. eine Parusiedarstellung gegeben[143].

Diese Symbolik liegt deshalb nahe, weil man schon immer das Geschick des Menschen im Kosmos vorgebildet sah[144], sein Sterben ebenso wie seine Wiedergeburt, wobei stets Finsternis den Tod und Licht gleichsam Leben[145] bedeuteten. Bereits Homer beschreibt das Sterben mit Formeln wie „grauenvolles Dunkel packte ihn“ oder „Dunkel umhüllte seine Augen“[146], während etwa in der Alkestis des Euripides „im Licht sein“ oder „das Licht schauen“[147] immer für „leben“ steht. Auch in der volkstümlichen Vorstellung[148] der spätjüdischen Mystik und den antiken Mysterienreligionen[149] herrscht die gleiche Symbolik vor. Ähnlich war es bei Christus, der wahren Sonne, die sterben mußte, um wieder zu ewigem Leben auferstehen zu können — damit auch wir Christen einmal das ewige Licht schauen dürfen. Für Klemens Alexandrinos[150] bedeutet

---

urchristlicher Bezeugung, Freiburg 1940 (*Leben aus dem Wort* 3); C. S. Mosna, *Storia della domenica dalle origini fino agli inizi del V secolo,* Roma 1969; W. Rordorf, *Sabbath und Sonntag in der alten Kirche,* Zürich 1972 (*Traditio Cristiana* 2); S. Bacchiocchi, *From Sabbath to Sunday. A Historical Investigation of the Rise of Sunday Observance in Early Christianity,* Roma 1977; W. Rordorf, *Sabato e domenica nella chiesa antica* (recueil de textes), Torino 1979 (*Coll. Traditio Cristiana* 2); dens., Ursprung und Bedeutung der Sonntagsfeier im frühen Christentum. Der gegenwärtige Stand der Forschung, *Liturg. Jb* 31 (1981) 145—158 und Le dimanche — source et plénitude du temps liturgique chrétien, *Christianesimo nella storia* 5 (1984) 1—9 sowie H. J. Auf der Maur, a. a. O. 35—49.

142 Näheres bei G. Jeremias, *Die Holztür der Basilika S. Sabina in Rom,* Tübingen 1980 (*Bilderhefte des Deutschen Archäologischen Instituts in Rom* 7), bes. 80—83.

143 Insgesamt vgl. dazu J. Engemann, Auf die Parusie Christi hinweisende Darstellungen in der frühchristlichen Kunst, *JbAC* 19 (1976) 139—156.

144 Daher schreibt etwa Orig., hom. Lev. 5,2 (*GCS* Orig. 8,336,22): *intellige te alium mundum esse in parvo et esse.* — Im allgemeinen siehe hierzu C. v. Korvin-Krasinski, *Mikrokosmos und Makrokosmos in religionsgeschichtlicher Sicht,* Düsseldorf 1960.

145 Genaueres in: *Alte Sonnenkulte und die Lichtsymbolik in der Gnosis und im frühen Christentum,* Zürich 1944 (*Eranos-Jahrbuch* 10 [1943]); R. Bultmann, Zur Geschichte der Lichtsymbolik im Altertum, *Philologus* 97 (1948) 1—36; S. Aalen, *Die Begriffe „Licht“ und „Finsternis“ im Alten Testament, im Spätjudentum und im Rabbinismus,* Oslo 1951 (*Skrifter utg. av det Norske Videnskaps-Akad. i Oslo, hist.-fil. Kl. 2,1*/1 [1951]); W. Schoenen, *Über das Licht in der Malerei,* Berlin 1954; W. Beierwaltes, *Lux intellegibilis. Untersuchungen zur Lichtmetaphysik der Griechen,* Diss. München 1957; H. H. Malmede, *Die Lichtsymbolik im Neuen Testament,* Diss. Bonn 1960 (gedruckt 1986 als *Studies in Oriental Religions* 15); A. Portmann, *Licht und Leben,* Basel 1963; G. Sanders, *Licht en duisternis in de christelijke grafschriften. Bijdrage tot de studie d. Latijnse metrische epigrafie van de vroegchristlijke tijd* 1—2, Bruxelles 1965; D. Bremer, *Licht und Dunkel in der frühgriechischen Dichtung. Interpretationen zur Vorgeschichte der Lichtmetaphysik,* Bonn 1976 (*Archiv für Begriffsgeschichte,* Suppl. 1 = Diss. Tübingen 1968); M. M. Davy - A. Abécassis - M. Mokri - J. P. Renneteau, *Le theme de lumière dans le judaisme, le christianisme et l'Islam,* Paris 1976 (*Coll. Tradition et culture* 4); M.-H. Gamillscheg, *Die Symbolik von Licht und Finsternis in der orthodoxen Ikonographie,* Wien 1979 u. ä.

146 Il. 5,47: Στυγερὸς δ' ἄρα μιν σκότος εἷλεν und ebend. 6,11: Τὸν δὲ σκότος ὄσσε κάλυψεν.

147 So z. B. 205 f.: ὅμως δὲ καίπερ σμικρὸν ἐμπνέουσ' ἔτι/βλέψαι πρὸς αὐγὰς βούλεται τὰς ἡλίου u. ö.

148 Man denke bloß an die häufige Grabaufschrift Φ$\underset{\mathrm{H}}{\overset{\mathrm{Z}}{\Omega}}$Σ.

149 Näheres siehe S. 38.

150 Protrept. 114,1—4 (*GCS* 1,80): φῶς ἡμῖν ἐξ οὐρανοῦ τοῖς ἐν σκότει κατορωρυγμένοις καὶ ἐν σκιᾷ θανάτου κατακεκλεισμένοις ἐξέλαμψεν ἡλίου καθαρώτερον, ξωῆς τῆς ἐνταῦθα γλυκύτερον. τὸ φῶς ἐκεῖνο ζωή ἐστιν αἴδιος, καὶ ὅσα μετείληφεν αυτοῦ, ζῇ, ἡ νύξ δὲ εὐλαβεῖται τὸ φῶς καὶ δύνουσα διὰ τὸν φόβον παραχωρεῖ τῇ ἡμέρᾳ κυρίου · τὰ πάντα φῶς ἀκοίμητον γέγονεν καὶ ἡ δύσις εἰς ἀνατολὴν περιέστηκεν. τοῦτο ἡ κτίσις ἡ καινὴ βεβούληται (vgl. dazu auch unsere S. 32). ὁ γὰρ τὰ πάντα καθιππεύων „δικαιοσύνης

dies aber die neue Schöpfung. Auch bei Sedulius ist *lux* synonym mit *vita* und sogar heute noch sprechen wir von Lebenslicht u. ä.

Eben jenen Übergang von der Finsternis (dem Tod) zum Licht (dem Leben) feiert die Kirche an ihrem größten Fest, nämlich Ostern[151]. Erstaunlicherweise geschah das aber selbst zu jener Zeit, da das Christentum längst *religio licita*, ja vielmehr schon Staatsreligion geworden war, noch immer unter den heidnischen Götternamen, wie u. a. Ps. Augustinus in seinem Auferstehungshymnus[152] zeigt. Außerdem scheint die hier geschilderte *Luna* stark unserem Bild in Ossenovo (Abb. 23) zu entsprechen. Auch dort könnten der kleine Kreis auf dem Haupt des Nachtgestirns die Andeutung eines Vollmondes sein und die Strahlen rundherum durch das gemeinsame Leuchten mit *Sol* und den Sternen erklärt werden. Wie stets bedient sich die frühchristliche Kunst hier der vorgebildeten heidnischen Formen — um sie mit neuem Sinn zu füllen. Im vorliegenden Fall war es umso leichter, als sich der Glaube an ein Weiterleben nach dem Tod bereits wiederholt — etwa bei Ägyptern, Griechen und Römern — fand. Dies beweisen neben den Mumien vor allem Sarkophage und Leichentücher, die häufig rot, d. h. wie die wiedergeborene Sonne, gefärbt sind.

Auch den Aufstieg zum Leben durch den Tod haben viele der Menschen symbolisch schon einmal erfahren, nämlich bei der Einweihung in einen Mysterienkult[153]. Ähnlich stirbt der alte Mensch bei der Taufe im Christen, der in der Osternacht[154] das *lumen Christi* schaut und dadurch erst wirklich ein Kind Gottes wird. Vermutlich ist bereits der sich der Lichtsymbolik bedienende Auferstehungsruf des Apostels Paulus im Epheserbrief[155] der Liturgie dieses Sakramentes entnommen. Dafür spricht neben seiner Rhythmisierung sowie seiner Verwendung als Zitat vor allem die Tatsache, daß die

---

ἥλιος“ (= Christus, der *sol iustitiae* unserer S. 35) ἐπ᾽ ἴσης περιπολεῖ τὴν ἀνθρωπότητα, τὸν πατέρα μιμούμενος, ὃς „ἐπὶ πάντας ἀνθρώπους ἀνατέλλει τὸν ἥλιον αὐτοῦ“, καὶ καταψεκάζει τὴν δρόσον τῆς ἀληθέας. οὗτος τὴν δύσιν εἰς ἀνατολὴν μετήγαγεν καὶ τὸν θάνατον εἰς ζωὴν ἀνεσταύρωσεν κτλ. — Damit erklärt sich auch die schon bei F. J. Dölger, *Sol salutis* 258—272 passimque behandelte Ostung der Christen bei Gebet und Bestattung.

[151] Welches daher seinen Namen hat, wie Augustinus, epist. 55,12 (*CSEL* 33,170) sagt: *nam etiam vocabulum ipsum, quod Pascha dicitur, non graecum, sicut vulgo videri solet, sed hebraeum esse dicunt, qui linguam utramque noverunt. Neque enim a passione, quoniam* πάσχειν *graece dicitur pati, sed ab eo, quod transitur, ut dixi, a morte ad vitam, hebraeo verbo res appellata est.* — Weitere Ausführungen bei W. Rordorf, Zum Ursprung des Osterfestes am Sonntag, *ThZ* 18 (1962) 167—189; W. Huber, *Passa und Ostern. Untersuchungen zur Osterfeier der alten Kirche, BZNW* 35 (1969); R. Cantalamessa, *Ostern in der alten Kirche*, Bern - Frankfurt - Las Vegas 1981 (*Traditio Cristiana* 4); H. J. Auf der Maur, a. a. O. bes. 63—83 u. a.

[152] Serm. 164,2 (*PL* 39,2067): *Hinc astrorum omnium fomes, splendor ille solaris suam frontem admodum regalem, jam jamque expurgat: et quasi rex conspicuus in diademate capitis sui, in die desponsationis suae, et in die laetitiae cordis sui, caeterisque stellis velut comitibus suis largiora luminis sui dona impedit. Luna enim ab ipso ortus sui die semper in quodam sui dispendio posita, ad paschalia gaudia pleno se lumine parat.*

[153] So erzählt z. B. der Isismyste Lucius (bei Apul., met. 11,23): *sacerdos ... me ... purissime circumrorans abluit* und danach: *accessi confinium mortis et calcato Proserpine limine per omnia vectus elementa remeavi, nocte media vidi solem candido coruscantem lumine* usw. — Insgesamt vgl. J. Godwin, *Mystery Religions and the Ancient World*, London 1981 u. ä. bei B. Metzger, A Classified Bibliography of the Graeco-Roman Mystery Religions 1924—1978 with a Supplement 1974—1977, *ANRW* 2,17,3 (Berlin - New York 1984) 1259—1423. — Der wesentliche Unterschied zwischen heidnischem und christlichem Mysterium liegt natürlich darin, daß letzteres im Gegensatz zu ersterem nicht nur mythische Wahrheit, sondern auch eine historische Tatsache ist. — Näheres bei R. Steiner, *Das Christentum als mystische Tatsache und die Mysterien des Altertums*, 8Dornach 1976.

[154] In der ja in der Frühzeit primär getauft wurde. — Weshalb, haben wir oben kurz dargelegt.

[155] 5,14 ἔγειρε, ὁ καθεύδων, / καὶ ἀνάστα ἐκ τῶν νεκρῶν, / καὶ ἐπιφαύσει σοι ὁ Χριστός.

Taufe von den Vätern[156] gerne φωτισμός („Erleuchtung") genannt wird. Noch Zeno von Verona vergleicht[157] unsere künftige Seligkeit durch diesen mystischen Tod mit dem Ostergeschehen, d. h. mit Christi Leiden und Auferstehung. Dazu gehört natürlich auch seine Höllenfahrt, die wiederum an die bei Apuleius im Reich der Proserpina leuchtende Sonne erinnert und schon sehr früh[158] als ein Aufgehen der Sonne des Heiles für die Gerechten in der Unterwelt geschildert wird[159].

Von ihr empfängt der Mensch Licht und Leben genauso wie der Mond von der Sonne. Daher bezeichnet Theophilos von Antiochien[160] die Sonne als das Bild Gottes[161], den Mond aber als das des Menschen[162]. Nach Augustinus[163] ist er dem „Fleische" ähnlich, indem er allmonatlich verschwindet, sozusagen stirbt, um dann wiedergeboren zu werden und zu wachsen, d. h. einzugehen in das Erlösungswerk Christi. Origenes[164] interpretiert den Mond gar als Hinweis auf die Kirche, und zwar zu Recht, wie z. B. Maximinus von Tours[165] und Isidor von Sevilla[166] sagen, weil er den Tau spendet[167] wie jene die Taufe.

Diese aber wurde, was S. 38 schon dargelegt ist, vor allem in der Osternacht vorgenommen, da sie etwa in der römischen Gemeinde der erste Herrentag (Sonntag) nach dem ersten Frühlingsvollmond, d. h. dem mythischen Hochzeitstag von Sol und Luna,

---

156 Etwa bei Iust., apol. 1,62,2 u. ö. — Ähnlich nennt Paulus (1 Thess. 5,5) die Getauften υἱοὶ φωτός und Prudentius (per. 2,205) *alumni luminis.*

157 Tract. 1,47 (2,47 *CC* 22,117), 2: *hoc* (*munus futurae beatitudinis* sc. baptismatis) *nostris quoque hodie competentibus praestaturus, quos iam nunc felix invitat occasus* (d. i. der Ostertag), *ut sacri oceani lacteo profundo demersi, surgentes inde novello novelli cum die, sua luce radiantes nobiscum possint immortalitatis per aerium tramitem cursu servato ad repromissionis tempus, ubi in perpetuum quis oritur, pervenire.*

158 Bei Melito von Sardes, frg. 8,4 (SC 123,232): ἥλιος ἀνατολῆς, ὃς καὶ τοῖς ἐν ἅιδου νεκροῖς ἐιφάνη καὶ τοῖς ἐν κόσμῳ βροτοῖς u. a. — Auch bei Prudentius, cath. 9,70—105 ist sie mit der Auferstehung verbunden, und bis heute betet die römisch-katholische Kirche in ihrem apostolischen Glaubensbekenntnis: *crucifixus, mortuus et sepultus: / descendit ad inferos: / tertia die resurrexit a mortuis; / ascendit ad caelos* usw.

159 Welche bei Arator, act. apost. 1,6—8 (*CSEL* 72,10) unseren obigen Ausführungen entsprechend wieder der von Sternen geleitete „Tag" ist: *solvit ab aeterna damnatas nocte tenebras/ad Manes ingressa d i e s ; fugitiva relinquunt/a s t r a polum comitata deum.* — Insgesamt vgl. hierzu auch W. PUCHNER, Zur liturgischen Frühstufe der Höllenfahrtsszene Christi. Byzantinische Katabasis — Ikonographie und rezenter Osterbrauch, *Z. f. Balkanologie* 15 (1979) 88—133.

160 Ad Autolycum 2,15 (ed. GRANT 52): ὁ γὰρ ἥλιος ἐν τύπῳ θεοῦ ἐστιν, ἡ δὲ σελήνη ἀνθρώπου.

161 Siehe hierzu etwa R. STEINER, *Das Sonnenmysterium von Tod und Auferstehung. Exoterisches und esoterisches Christentum,* Dornach 1963.

162 Zu seiner christlichen Deutung vgl. besonders H. RAHNER, Mysterium Lunae, *ZKTh* 63 (1939) 311—349 und 428—442; DENS., *ebend.* 64 (1940) 61—80; DENS., Das christliche Mysterium von Sonne und Mond, *Eranos-Jahrbuch* 10 (1943) 305—404; DENS., *Symbole der Kirche. Die Ekklesiologie der Väter,* Salzburg 1964, 91—173 und *Griechische Mythen in christlicher Deutung,* Zürich 1945 (Neuauflage mit einem Geleit- und Schlüsselwort von A. ROSENBERG, Basel 1984, *Sammlung Überlieferung und Weisheit).*

163 Enarr. in ps. 88,5 (*PL* 37,1134 B): *similis est ergo caro ista Lunae, quae omni tempore et omni mense patitur augmenta et decrementa: sed erit caro ista nostra in resurrectione perfecta et testis in caelo fidelis.* — Tertullian dagegen nennt in De resurrectione carnis als Sinnbild für Tod und Auferstehung den Untergang und Aufgang der Sonne, den Zyklus des Mondes und schließlich den Wechsel der Jahreszeiten.

164 Hom. in Gen. 1,7 (*GCS* Orig. 6,8,18 f.): *sicut sol et luna magna luminaria dicta sunt esse in firmamento caeli, ita et in nobis Christus et Ecclesia.*

165 Hom. 101 (*PL* 57,4888): *Recte plane Lunae comparatur Ecclesia, quoniam et ipsa nos lavacri rore vivificat.*

166 Nat. rer. 18,6 (*PL* 83,992): *Item sicut Luna larga est roris et dux humentium substantiarum, ita ecclesia baptismi et praedicationum.*

167 Weshalb er bei Nonnos, Dionysiac. 40,376 bzw. 44,221 δροσόεσσα sowie *roscida* bei Vergil. georg. 3,337 u. ö. genannt wird. — Dies wäre übrigens auch eine Erklärung für die eingangs erwähnte blaue, d. h. wasserfarbene Umrandung des nächtlichen Himmels in Ossenovo.

war. Aus der hellenistischen Mondmystik übernommen findet sich ihre Verbindung auch in der patristischen Literatur[168].

Interessant ist, daß dabei häufig das Einander-Gegenüberstehen von *Sol* und *Luna* eigens hervorgehoben ist, und zwar schon bei Empedokles[169] und später auch bei Ambrosius[170], da die Erde durch das gegenseitige Anschauen der beiden „Gesichter" (!) befruchtet wird[171].

Weiters schreibt Ambrosius[172]: „Also kündete Luna das Mysterium Christi". Doch ist, wie wir bereits sehen konnten, nicht nur das Nacht-, sondern auch das Taggestirn (die Sonne) in das Heilsgeschehen eingeordnet[173]. Selbst in der Offenbarung (des Johannes?)[174] steht die apokalyptische Frau auf dem Mond und ist mit der Sonne umkleidet. Nach Hippolytus Romanus[175] handelt es sich dabei ohne Zweifel um die Kirche[176], die Feuer und Wasser in sich hat[177].

Nach all dem Dargelegten dürfte es sich bei der Deckenmalerei in Ossenovo ebenfalls um eine Darstellung des jüngsten Tages handeln[178] — wofür nicht zuletzt auch die Richtungslosigkeit und die anscheinend ungleich größere Wiedergabe des Tageshimmels sprächen. Insgesamt ist damit wohl besonders die Hoffnung auf Erlösung (des Verstorbenen) ausgedrückt.

Umgeben, d. h. abgetrennt[179] von den beiden unteren Zonen, ist dieses Bild des Universums an der Decke von einer Art Lattenzaun, der offenbar auch nicht bloß eine Zierleiste, sondern quasi eine Umfassungsmauer des Alls darstellt. Spricht doch wiederum schon Parmenides[180] wenigstens gleichnisweise von einer solchen, und noch

---

[168] Bei Origenes (hom. in Num. 28,11 [*GCS* Orig. 7,217,7—218,11]) und Anastasios Sinaita (anagogica contemplatio in Hexameron 4 [*PG* 89,1076]: ὦ σύζυγε καὶ σύνδρομε τοῦ σοῦ ἀμφιφώτου σεληνάνδρου Ἡλίου Χριστοῦ) im Osten ebenso wie bei Ambrosius (hexam. 4,7,29 [*CSEL* 32/1, 134]: *de consorte eius* [*lunae*]) im Westen.

[169] Frg. 47 (ed. H. Diels 1,198): ἀθρεῖ μὲν γὰρ (sc. Selene) ἄνακτος ἐναντίον ἁγέα κύκλον (beachte auch dieses Wort!).

[170] Epist. 18,24 (*PL* 16,979 B): *Luna ipsa, qua propheticis oraculis species Ecclesiae figuratur, cum primum resurgens in menstruas reparatur aetates, tenebris nobis absconditur: paulatimque cornua sua complens, vel e regione solis absolvens, clari splendore fulguris irrutilat.* — Ähnlich heißt es bei Dracontius, laud. Dei 1,123: *lux aurea cornua lunae.* — Stets sind aber mit *cornua* nicht Hörner, sondern Strahlen (Glanz) gemeint, wie bei Moses (Ex. 34,29: *ignorabat quod cornuta esset facies eius*) oder dem heiligen Germanus (Ven. Fort., vita Germ. 7,23: *ecce beatus Germanus cornuta facie mihi videtur incedere. sanctum virum novo more cornibus radiantem*).

[171] Belege hierzu findet man bei R. Eisler, a.a.O. 602, A. 8.

[172] Hexam. 4,8,32 (*CSEL* 32/1,137 f.): *ergo annuntiavit luna/mysterium Christi.*

[173] Und dies bereits bei Is. 24,23: καὶ ἐντραπήσεται ἡ σελήνη καὶ αἰσχυνθήσεται ὁ ἥλιος (nach SLC der LXX).

[174] Apoc. 12,1: Καὶ σημεῖον μέγα ὤφθη ἐν τῷ οὐρανῷ, γυνὴ περιβεβλημένη τὸν ἥλιον, καὶ σελήνη ὑποκάτω τῶν ποδῶν αὐτῆς, καὶ ἐπὶ τῆς κεφαλῆς αὐτῆς στέφανος ἀστέρων δώδεκα κτλ.

[175] De antichristo 61 (*GCS* 1/2, 41,11—20 und ebend. 207 f.).

[176] Näheres dazu auch bei der gleich anschließenden Besprechung der Ostwand unseres Grabes und bei H. Rahner, *Maria und die Kirche*, Innsbruck 1951 sowie B. J. Le Frois, *The Women Clothed with the Sun (Ap. 12). An Exegetical Study*, Roma 1954.

[177] Sagt doch schon Johannes der Täufer (Mtth. 3,11): ἐγὼ μὲν ὑμᾶς βαπτίζω ἐν ὕδατι εἰς μετάνοιαν · ὁ δὲ ὀπίσω μου ἐρχόμενος . . . αὐτὸς ὑμᾶς βαπτίσει ἐν πνεύματι ἁγίῳ καὶ πυρί.

[178] Siehe K. Heim, *Weltschöpfung und Weltende*, Hamburg 1958 (*Der evangelische Glaube und das Denken der Gegenwart* 6).

[179] Wie meistens (vgl. etwa das Grab von Durostorum in der A. 67 zitierten Literatur), aber durch andere Motive, d. h. durch Dekor.

[180] Bei H. Diels, *FVS*² 111, Z. 7: καὶ τὸ περιέχον δὲ πάσας (στεφάνας) τείχους δίκην στερεὸν ὑπάρχειν.

Ps. Caesarius von Kappadokien[181] und Severianus von Gabala[182] erwähnen u. a. die kosmische Weltmauer, hinter die die Sonne untertaucht.

Im Gegensatz dazu handelt es sich in unserem Fall, wie wir oben hoffentlich zeigen konnten, um eine außergewöhnliche Situation — mit einer hell leuchtenden Sonne (Abb. 21) und einem Vollmond (Abb. 22), deren Büsten uns außerdem an die Hermen eines Gartenzaunes erinnern[183], wie man ihn z. B. bereits in der sogenannten Triklia unter S. Sebastiano in Rom[184] findet. Nun ist aber auch er trotz aller Häufigkeit und Beliebtheit[185] nicht immer nur Dekoration. Oft wird damit der Paradiesesgarten (bisweilen mit seinen durch den Zaun sichtbaren Blumen) angegeben. Vereinfacht und dem lokalen provinziellen Geschmack angepaßt, erscheint dieses Motiv der Katakombenmalerei häufig auch im Osten des Reiches: etwa in Pécs[186], Niš (Abb. 26)[187] und Thessaloniki[188].

Die in unserem Grab darauf folgende zweite Bildzone weist mit je einem Christogramm zwischen Weintrauben an der West- und zwei Gebäuden an der Ostseite sowie Reben (und Ranken) an der Nord (und Süd)wand neben einem Rhombus in der Südwestecke ebenfalls wieder auf das Heilsgeschehen.

Zunächst erinnern die Initialen Christi über dem Eingang (Abb. 27) an die Symbolik der Architektur, die man später vor allem bei Kirchenportalen[189] antrifft: an die Tür, die Christus ist[190]. Da es sich im vorliegenden Fall aber um ein Grab handelt, haben sie wohl auch noch eschatologischen Bezug: auf Christus als Durchgang zur ewigen Seligkeit. In derselben Bedeutung finden wir im sogenannten Mausoleum der

---

181 Dial. 1, interr. 99 (*PG* 38,964): Ὠκυποδήσας (ὁ ἥλιος) τὰ οὐράνια τέρματα, ὑπό τινα τοῖχον, τὸ βόρειον γενόμενον κλῖμα (δύσας) κτλ.

182 Mund creat., or. 3,5 (*PG* 56,452): ... ἀλλ' ἐξελθὼν τὰ πέρατα τοῦ οὐρανοῦ (ὁ ἥλιος), τρέχει εἰς τὰ βορρινὰ μέρη, ὥσπερ ὑπό τινα τοῖχον κρυπτόμενος κτλ.

183 Siehe etwa H. WREDE, *Die spätantike Hermengalerie von Welschbillig*, Berlin 1972.

184 Näheres vor allem bei J. WILPERT, Domus Petri, *RQS* 26 (1912) 117—132. — Viele weitere Beispiele ohne Hermen treffen wir in den Katakomben des Callistus (U. M. FASOLA, *Catalogo delle fotografie di antichità cristiana*, Città del Vaticano 1973, mit einem Nachtrag fino al settembre 1975, Cal D 32, F 1 und 5), des heiligen Sebastian (U. M. FASOLA, a. a. O. Seb E 8 und Q 9 sowie 19), der Domitilla (*U. M. Fasola*, a. a. O. Dom G 5 = Arkosolium des ‚Guten Hirten') u. ö. an.

185 Beispiele finden sich bei E. BÖRSCH-SUPAN, *Garten-, Landschafts- und Paradiesmotive im Innenraum. Eine ikonographische Untersuchung*, Berlin 1967, bes. 81—87 und Abb. 81 f.

186 Aus der reichen Literatur sei hier nur die auf den Zaun näher eingehende Studie von F. GERKE, Die Wandmalereien der neugefundenen Grabkammer in Pécs (Fünfkirchen), in: *Neue Beiträge zur Kunstgeschichte des 1. Jahrtausends 1. Spätantike und Byzanz*, Baden-Baden 1952, 115—137 und Die Wandmalerei der Petrus-Paulus-Katakombe in Pécs (Südungarn), *ebend. 2. Frühmittelalterliche Kunst*, Baden-Baden 1954, 147—199 samt der Rezension von F. W. DEICHMANN, in: *ByzZ* 47 (1959) 432—435 genannt.

187 Die wichtigste Literatur hierzu bringt R. PILLINGER, Frühchristliche Malerei in der heutigen Volksrepublik Bulgarien (zwischen Orient und Okzident), in: R. PILLINGER (Hrsg.), *Spätantike und frühbyzantinische Kultur Bulgariens zwischen Orient und Okzident*, Wien 1986 (*Bant* 16), 94 f., A. 13. — Hinsichtlich des Zaunes besonders hervorzuheben ist daraus: L. MIRKOVIĆ, Ograda ha slikama raja u katakombama rima i ranohrišćanskim grobnicama u Pečuju i Nišu [Der Zaun in der Bilderreihe der Katakomben und die frühchristlichen Gräber in Pécs und Niš], *Starinar* 9—10 (1958/59) 215 f.

188 Im sogenannten Grab des Guten Hirten, welches publiziert ist bei ST. PELEKANIDIS, *Gli affreschi paleocristiani ed i più antichi mosaici parietali di Salonico*, Ravenna 1963 (*Quaderni di Antichità Ravennate, Cristiane e Bizantine* 2), fig. 3 — übrigens wieder ohne Hermen.

189 Hinsichtlich der Symbole auf Tempel-, Synagogen- und Haustüren vgl. F. W. DEICHMANN, *Einführung in die christliche Archäologie*, Darmstadt 1983, 105 f.

190 So sagt er Io. 10,9 wörtlich: ἐγώ εἰμι ἡ θύρα· δι᾽ ἐμοῦ ἐάν τις εἰσέλθῃ, σωθήσεται.

Galla Placidia in Ravenna[191], wiederum an der Innenseite über der Tür, das Bild des Hirten Christus. Außerdem liegt der Eingang des Grabes von Ossenovo im Osten, d. h. zur aufgehenden Sonne (dem Licht) hin[192], auf das der Tote ebenso wie auf das Christogramm blickt. Weiters erhält er gleichsam typologischen Sinn, da man eintretend nach Westen schaut, wo der Grabinhaber bereits im *locus amoenus* dargestellt ist.

Darüber steht (Abb. 28) wieder Christus in Gestalt seines Monogrammes zwischen Weintrauben. Dieses Bild läßt uns an jenen Ausspruch[193] denken, in dem er sich selbst als den Weinstock, seine Jünger aber als die Reben bezeichnet. Also könnten die Reben und Ranken (Abb. 29—32) unserer mittleren Bildzone die fruchtlosen und fruchttragenden Gläubigen meinen, die auch die lebendigen Bausteine[194] des *templum ecclesiae*, d. h. der Kirche, bilden, welche hiermit dann gleichfalls wiedergegeben ist. Folglich haben wir es aber an beiden Schmalseiten des Grabes mit Christus und *Ecclesia* zu tun, wobei diese eben einmal (an der Westwand) als Reben und Ranken des Weinstocks[195], das andere Mal (über dem Eingang im Osten) als Gebäude wiedergegeben ist. Bereits andernorts[196] wurde dargelegt, daß so allegorische Motive wie ein Gebäude auch schon relativ früh in die Kunst der alten Kirche Eingang gefunden haben. So bauen etwa in einem Fresko der S. Gennarokatakombe von Neapel[197] drei Frauen den Turm der Kirche[198], und auch später finden wir ganz Ähnliches immer wieder: u. a. in einem nordafrikanischen Grabmosaik aus Thabraca (heute im Bardomuseum von Tunis) mit der Aufschrift ECCLESIA MATER / VALENTINA IN PACE und einer Basilika als Symbol der Kirche (Abb. 33[199]). Daß solcher Bezug auch bei unserem Grab intendiert war, scheint schon die Tatsache der kosmischen Darstellung an der Decke zu bestätigen, zumal dort mit den Büsten von *Sol* und *Luna* ebenfalls die Deutung auf Christus und *Ecclesia* anklingt.

Ferner spricht der Rhombus in der Südwestecke (Abb. 34) sehr dafür, denn im vorliegenden Zusammenhang ist er wohl kaum reine Dekoration, d. h. Inkrustationsmalerei[200]. Als ein auf die Spitze gestelltes Quadrat und geometrische Figur der Vier

---

[191] Übrigens ist dort an der Decke ebenfalls der gestirnte Himmel dargestellt. — Zur Literatur siehe unsere A. 81.

[192] Betreffs der diesbezüglichen Orientierung vgl. unsere A. 71.

[193] Io. 15,5: Ἐγώ εἰμι ἡ ἄμπελος, ὑμεῖς τὰ κλήματα. — Näheres dazu auch bei M. LURKER, *Wörterbuch der biblischen Bilder und Symbole*, München 1973 (²1983), 351.

[194] So etwa 1 Petr. 2,5: ὡς λίθοι ζῶντες οἰκοδομεῖσθε οἶκος πνευματικός; Orig., comm. in Matth. 16,21 (*PG* 13,1444): Καὶ νῦν δὲ νομίζω ἱερὸν ἐκ λίθων ζώντων οἰκοδομηθὲν εἶναι τὴν Ἐκκλησίαν; Ambros., fug. saec. 31 (*CSEL* 32/2, 188): *sed vivis constructa lapidibus ... ecclesia;* Hieron., comm. in Ez. 28,11 ff. (*CC* 75,393): *isti sunt vivi lapides, de quibus aedificatur ecclesia* u. ö. — Genaueres hierzu auch bei R. PILLINGER, *Die Titel Historiarum oder das sogenannte Dittochaeon des Prudentius. Versuch eines philologisch-archäologischen Kommentars*, Wien 1980, 82 f.

[195] Dazu vgl. auch unsere Abb. 24.

[196] R. PILLINGER, *Die Tituli Historiarum* 62.

[197] Eine Abbildung der heute kaum mehr ausnehmbaren Szene bringt H. ACHELIS, *Die Katakomben von Neapel*, Leipzig 1935 [1936], Tf. 7.

[198] Nach vis. 3 des Pastor Hermae. — Vgl. hierzu weiters A. MAYER, *Das Bild der Kirche. Hauptmotive der Ecclesia im Wandel der abendländischen Kunst*, Regensburg 1962 (*Welt des Glaubens in der Kunst* 3).

[199] Aus W. GESSEL, *Monumentale Spuren des Christentums im römischen Nordafrika*, *AW* 12 (1981), Sondernummer, Abb. 53 a).

[200] Ungefähr gleichzeitig sind ebensolche — auch in Kombination mit Weinranken und am Gewölbeansatz (als Trennungslinie) — bei W. SULSER - H. CLAUSSEN, *St. Stephan in Chur. Frühchristliche Grabkammer und Friedhofskirche*, Zürich 1978, bes. Abb. 88. Außerdem vgl. das sogenannte Pfauengrab der ersten Katakombe in Neapel (bei H. ACHELIS, a. a. O. 57 und Tf. 16).

erscheint er außerdem häufig in kosmologischem[201] und heilsgeschichtlichem[202] Kontext.

Somit will der mittlere Bildstreifen des Grabes bei Ossenovo zusammenfassend etwa folgendes aussagen: vom Weinstock des Herrn (an der Westwand) verbreiten sich die Schößlinge (der Nord- und Südwand) auf der ganzen Erde (die als Rhombus wiedergegeben ist) und bilden so die Kirche (an der Eingangswand und gegenüber), die *vinea Dei*, die auch insgesamt angesprochen ist und ebenfalls ihr Licht von Christus (hier präsent in Form seines Monogrammes) empfängt.

Die dritte, wieder durch eine Lattenzaunleiste abgetrennte unterste Bildzone ist — ähnlich wie die im Grab von Durostorum[203] — an Nord- und Südwand in torbogenartige Felder mit je einer figürlichen Darstellung gegliedert.

An letzterer lassen sich (Abb. 35) von wohl einst drei mit groben Strichen umrissenen Frauengestalten heute leider nur mehr zwei noch einigermaßen ausnehmen. Die eine (östlichere — Abb. 36) hält ein Tablett mit runden roten Gegenständen (Früchten?) über ihrem Kopf, die andere (Abb. 37) in der linken Hand ein rundes (Krug?)[204], in der rechten ein dreieckiges Objekt (vielleicht einen konischen Glasbecher). Nach Vergleich mit ähnlichen Figuren, z. B. in den Gräbern der Etrusker, von Kazanlăk[205], Durostorum/Silistra (Abb. 38) und Philippopolis/Plovdiv[206], Beška in Jugoslawien[207], Thessaloniki[208] und der römischen Katakomben[209] mit ähnlichen Attributen darf man annehmen, daß es sich wohl um Dienerinnen handelt. Außerdem zeigen die angeführten Vergleichsbeispiele wieder einmal deutlich, daß grundsätzlich kein Unterschied zwischen stadtrömischer[210] und provinzieller Malerei besteht. Die heute im Museo Nazionale von Neapel aufbewahrten Dienerfiguren (Abb. 39) eines vornehmen Hauses beim Ospedale di S. Giovanni auf dem römischen Caelius[211] demonstrieren auch die Übereinstimmung der Profan- und Grabmalerei.

---

[201] Als Diagramm der Erdteile, Elemente, Himmelsrichtungen, Jahreszeiten usw.

[202] Die Ziffer vier war schon in der orientalischen Kosmologie die „Weltzahl" und sie blieb es auch bei den christlichen Schriftstellern, was etwa die Kommentare zu Ezechiel und der Apokalypse sowie die Maiestas Domini-Darstellungen mit den vier Evangelistensymbolen deutlich zeigen. — Weiteres hierzu bei V. H. ELBERN, Species crucis — Forma quadrata mundi. Die Kreuzigungsdarstellung am fränkischen Kasten von Werden, *Westfalen* 44 (1966) 174—188.

[203] Literatur zu ihm findet sich in unserer A. 67.

[204] Wobei man nicht sicher sagen kann, ob die Malerei hier überhaupt zur Gänze erhalten ist.

[205] Genaueres dazu besonders bei Л. ЖИВКОВА [L. Živkova], *Казанлъшката гробница* [Das Grabmal von Kazanlăk], София 1974 (englische Ausgabe: Recklinghausen 1975).

[206] Zu ersterem vgl. wieder unsere A. 67, zum zweiten Н. МАВРОДИНОВ [N. Mavrodinov], Гробница от IV в. сл. Хр. в Пловдив [Ein Grabmal aus dem 4. Jh. n. Chr. in Plovdiv], *ГПНБ* [GPNB] 1926, 39, Abb. 12; Д. ОВЧАРОВ - М. ВАКЛИНОВА [D. Ovčarov - M. Vaklinova], *Ранновизантийски паметници от България* IV—VII в. [Frühbyzantinische Denkmäler aus Bulgarien 4.—7. Jh.], София 1978, 27 sowie Abb. 30—32 und Ю. ВЪЛЕВА [J. Văleva], Сцената погребално угощение в Пловдивската гробница [Die Totenmahlszene in der Grabstätte von Plovdiv], *Проблеми на изкуството* [Kunstprobleme] 2 (1985) 47.

[207] Hier ist es ein junger Mann mit Becher und Krug: M. MANOJLOVIĆ, Beška-Indija, lokalitet Brest, *AP* 8 (1966) 138—139.

[208] Im Grab des Eustorgios bei ST. PELEKANIDIS, a. a. O. fig. 1.

[209] Vor allem mit Mahldarstellungen. — Näheres u. a. bei E. JASTRZEBOWSKA, Les scènes de banquet dans les peintures et sculptures chrétiennes des 3e et 4e siècles, *Rech. August.* 14 (1979) 3—90.

[210] Über sie vgl. H. MIELSCH, Zur stadtrömischen Malerei des 4. Jahrhunderts n. Chr., *RM* 85 (1978) 151—207.

[211] Genaueres zu ihm bei G. M. CASSINI, *Pitture antiche ritrovate nello scavo accanto all'ospedale di S. Giovanni in Laterano*, Roma 1783.

Der dreieckige Gegenstand in der rechten Hand unserer zweiten Dienerin ist wahrscheinlich ein primitiv wiedergegebenes konisches Gefäß in der Art der besonders im rheinländischen Raum[212], jedoch ebenso in Gräbern von Szabadszállás in Ungarn[213] sowie Storgosia/Pleven und Apollonia/Sozopol[214] in Bulgarien gefundenen Glasbecher. Da alle derartigen Beispiele — mit Ausnahme jener aus thrakischen und etruskischen Nekropolen — aus dem vierten nachchristlichen Jahrhundert stammen, hätten wir damit weiters bereits einen ersten Anhaltspunkt für die chronologische Einordnung unserer Malerei. In der linken Hand hält die Dame vermutlich einen undurchsichtigen Krug. Vielleicht weist auch das zweistöckige Gebäude zu ihren Füßen darauf hin, daß hier — im Gegensatz zum himmlischen Paradies an der Westwand — das irdische Leben geschildert wird[215].

Ebenfalls diesem entnommen sind die Darstellungen an der gegenüberliegenden N o r d w a n d. Sie zeigen (Abb. 40) — wieder in torbogenartigen Feldern — drei Krieger in kurzen ärmellosen Tuniken mit Gürtel, konischen Helmen sowie langen Speeren in der linken und Rundschilden in der rechten Hand. Vergleicht man sie mit jenen in Kazanlăk, ist unschwer ersichtlich, daß wir es keinesfalls mit der stereotypen Tracht thrakischer Soldaten zu tun haben, sondern vielmehr mit einer typisch spätantiken, östlich beeinflußten Ausrüstung. Besonders der Kegelhelm (Abb. 41)[216] spricht sehr für die Richtigkeit solcher Behauptung, denn einer Mauerritzung zufolge findet er sich in Dura-Europos etwa bereits im zweiten Jahrhundert n. Chr.[217]. Auch ein Gemälde der Kertscher Katakomben (aus der gleichen Zeit) zeigt pontische Krieger, wahrscheinlich Sarmaten, mit ähnlichen Reifenhelmen, Schuppenpanzern, Rundschilden, Lanzen und römischen Feldzeichen[218]. Der Gürtel[219] der Soldaten in Ossenovo weist gleichfalls in diese Richtung.

Nun wurden aber nach H. Russell Robinson[220] solche Helme speziell von der Infantrie, d. h. genauer von den Hilfstruppen, getragen und dies scheint in unserem Grab auch dadurch bestätigt, daß — im Gegensatz zu jenem in Kazanlăk — tatsächlich nur Krieger und keine Pferde abgebildet sind.

---

212 Durch F. Fremersdorf, *Die römischen Gläser mit Schliff, Bemalung und Goldauflage aus Köln* 2, Köln 1967 (*Die Denkmäler des römischen Köln* 8), Tf. 8 r. u., 52, 234f., 260f., 268f. usw. belegt.

213 Hierzu siehe E. Toth, *Kora-bizánci üvegpohár egy Szabadszállási magányos sírból*, Kecskemét 1969 und Ein spätantiker Glasbecherfund aus Szabadszállas, *AAHung* 23 (1971) 115—138.

214 Vgl. Г. Табакова-Цанова [G. Tabakova - Canova], Късноантичният некропол в местността Стражата край град Плевен [Die spätantike Nekropole in der Gegend Stražata bei Pleven], *ИНИМ* [INIM] 3 (1981) 165 sowie Abb. 16 und A. Минчев [A. Minčev], Антично стъкло от западното черноморие (I—VI в.). II. Чащи [Antikes Glas von der westlichen Schwarzmeerküste (4.—6. Jh.). II. Trinkgefäße], *ИНМ-Варна* [INM-Varna] 24 (39), Tf. 7/41.

215 Hinsichtlich der Symbolik des Hauses im allgemeinen, vor allem aber als Abbild der Welt vgl. M. Lurker, *Wörterbuch biblischer Bilder* 136f. (mit weiterer Literatur).

216 Dessen wichtigste Typen sind bereits bei O. Gamber, Dakische und Sarmatische Waffen auf den Reliefs der Trajanssäule, *Jb. d. kunsthistor. Sammlungen in Wien* 60 (1964 = Sonderheft) 192, 7—34 und bes. 14f. aufgezählt.

217 So O. Gamber, a.a.O. 22, A. 22. — Vgl. auch unsere A. 220.

218 Wieder nach O. Gamber, a.a.O. 30 und Abb. 36.

219 Zu ihm siehe G. Gropp, Der Gürtel mit Riemenzungen auf dem Sassanidischen Relief in der großen Grotte des Tag-E-Bostan. *AMI* 3 (1970) 273—288.

220 *The Armour of Imperial Rome*, London 1975, 82—88.

Thrakische Soldaten waren ihrer Kriegstüchtigkeit wegen sehr gerne im römischen Heer gesehen[221]. Daß es darin durchaus auch Christen gab, ist ebenfalls schon häufig[222] dargelegt worden. Interessant ist in solchem Zusammenhang eine im Archäologischen Museum von Aquileia ausgestellte Grabplatte eines im Jahr 362 verstorbenen Prätorianers, welche[223] links den Verstorbenen in voller Rüstung mit Speer und Schild, d. h. noch lebend zeigt, daneben (rechts) jedoch, wie er sitzend einen Becher leert, also bereits beim *refrigerium*[224] ist.

Genau die gleiche Situation liegt wohl im Grabmal von Ossenovo mit den Kriegern an der einen und der Paradiesesdarstellung an der anderen Seite vor. Auch die bei dem Skelett neben Fragmenten eines Tongefäßes (Abb. 42) gefundene Zwiebelknopffibel (Abb. 43) scheint dies zu bestätigen[225]. Die relativ aufwendige Ausschmückung des Grabes könnte unter Umständen auf Fertigstellung schon zu Lebzeiten des Besitzers deuten.

Zwischen den Bögen der beiden westlichen Bildumrahmungen der Nordwand befindet sich ein nach Vergleich mit der Büste der Sonne an der Decke nur mit *Sol invictus* identifizierbarer Kopf samt Strahlenkranz (Abb. 44). Als Schutzgott der Soldaten[226] hat er dort auch rechterweise seinen Platz.

Daneben (im westlichsten Feld — Abb. 45) erkennt man oben (Abb. 46) eine Schlange und unten ein schildkrötenartiges Gebilde[227]. Da erstere (Abb. 47) häufig mit dem AIΩN verbunden ist[228], könnte es sich darunter unter Umständen auch um ein anderes kosmisches Tier, etwa einen Krebs oder Skorpion[229] handeln. Doch wie immer es sei: sicher haben wir es mit einem Kriechtier, d. h. einem chthonischen und finsteren

---

221 Wie u. a. M. G. JARETT, Thracian Units in the Roman Army, *IsrExplJ* 19 (1969) 215—224 zeigt.

222 Hier genannt seien bloß die Arbeiten von A. VON HARNACK, *Militia Christi. Die christliche Religion und der Soldatenstand in den ersten drei Jahrhunderten*, Tübingen (Nachdruck: Darmstadt 1963); H. M. HORNUS, Les inscriptions funéraires militaires chrétiennes anciennes, *Archiv f. Papyrusforschung* 22/23 (1973/74) 223—228; J. HELGELAND, Christians and the Roman Army from Marcus Aurelius to Constantine, *ANRW* 2,23,1 (1979) 724—834 und L. J. SWIFT, *The Early Fathers on War and Military Service*, Wilmington 1983 (mit weiterer Literatur).

223 Nach G. BRUSIN, *Führer durch Aquileia*, [14]Padova 1978, fig. 39.

224 Zu diesem Begriff vgl. wieder A. STUIBER, a. a. O.

225 So zuletzt H. ZABEHLICKY, Zwiebelknopffibeln als Kennzeichen von Soldaten auf spätrömischen Denkmälern, *Roman Frontier Studies* 12 (1980) 1099—1111 — mit 16 Beispielen (wobei übrigens das Grab von Silistra fehlt).

226 Näheres hierzu bei M. GUARDUCCI, Sol Invictus Augustus, *Rend Pont Acc* 30—31 (1959) 161—169; I. TÓTH, The Cult of Iuppiter Sol invictus Deus genitor in Dacia, *ActaClDebrec* 6 (1970) 71—74; G. H. HALSBERGHE, *The Cult of Sol Invictus*, Leiden 1972 (*EPRO* 23); DEMS., Le culte de Deus Sol Invictus à Rome au 3e siècle après J. C., *ANRW* 2,17,4 (1984) 2181—2201 und in unserer A. 106.

227 Leider erlaubt der katastrophale Erhaltungszustand der Malerei keine genauere Bestimmung des dargestellten Tieres.

228 Vgl. etwa E. SWOBODA, Die Schlange im Mithraskult, *ÖJh* 30 (1971) 1—27; H. LEISEGANG, Das Mysterium der Schlange. Ein Beitrag zur Erforschung des griechischen Mysterienkultes und seines Fortlebens in der christlichen Welt, in: O. FRÖBE-KAPTEYN (Hrsg.), *Vorträge über die Symbolik der Wiedergeburt in der religiösen Vorstellung der Zeiten und Völker*, Zürich 1940 = *Eranos Jb* 7 (1939), 151—250; H. EGLI, *Das Schlangensymbol. Geschichte — Märchen — Mythos*, Freiburg 1982 und M. LURKER, *Adler und Schlange. Tiersymbolik im Glauben und Weltbild der Völker*, Tübingen 1983. — Bezüglich der scheinbar starken Parallelen zum Mithraskult (mit Skorpion, Schlange, Sonne, Mond, Krieger, hell und dunkel) siehe unsere S. 34 und A. 116.

229 Genaueres bei S. EITREM, Der Skorpion in Mythologie und Religion(sgeschichte), *Symbolae Osloenses* 7 (1928) 53—82 u. a. — Übrigens weist dieser nach Zeno von Verona (tract. 1,38,5 = 2,43,5 [*CC* 22,106]: . . . *non dicam Scorpionem, sed, sicut dominus ait in evangelio* [d. i. Lc. 10,19, Text in unserer A. 230], *omnes omnino serpentes inlaesa planta calcabit*) z. B. auf alle Kriechtiere.

Wesen — wie der Schlange — zu tun. Über diese aber sagt Jesus[230] zu seinen Jüngern: „Siehe ich habe euch die Macht gegeben, über Schlangen und Skorpione zu gehen und über alle Gewalt des Feindes und nichts wird euch schaden.“ Damit meint er wohl, wie er zuvor[231] schon sagte: „Ich bin das Licht der Welt, wer mir folgt, wird nicht in der Finsternis wandeln, sondern das Licht des Lebens haben.“ Deshalb steht in den zwei entsprechenden Mosaikbildern von Aquileia (eines davon zeigt unsere Abb. 48)[232] der Schildkröte jeweils ein Hahn als Sinnbild des Lichtes[233] gegenüber.

Damit ist aber auch die Bedeutung unseres Bildfeldes im Grabmal von Ossenovo geklärt: Es soll ausdrücken, daß der durch die vorher besprochenen Kriegerdarstellungen als Soldat charakterisierte Grabinhaber die dunklen Mächte des irdischen Daseins überwunden und das Licht des ewigen Lebens erreicht hat[234].

Darum ist er gleich nebenan, an der Westwand (Abb. 49), wieder in torbogenartiger Umrahmung und ähnlich wie der Verstorbene von Durostorum[235] gemeinsam mit seiner Frau dargestellt (Abb. 50). Daß gerade die Hauptpersonen der gesamten Komposition kleiner als die übrigen (Neben-)Figuren wiedergegeben sind, dürfte gleich der stilistischen Divergenz ein Indiz dafür sein, daß die Malerei unserer Grabkammer von mindestens zwei ‚Künstlern‘ ausgeführt wurde.

Die Darstellung der Frau (Abb. 51) mit über dem Kopf abgewinkelten Armen bleibt rätselhaft[236]. Ein Gebetsgestus wird diese Haltung wohl nicht sein, da Oranten[237] ihre

---

[230] Lc. 10, 19: ἰδοὺ δέδωκα ὑμῖν τὴν ἐξουσίαν τοῦ πατεῖν ἐπάνω ὄφεων καὶ σκορπίων καὶ ἐπὶ πᾶσαν τὴν δύναμιν τοῦ ἐχθροῦ, καὶ οὐδὲν ὑμᾶς οὐ μὴ ἀδικήσει.

[231] Io. 8,12: ἐγώ εἰμι τὸ φῶς τοῦ κόσμου · ὁ ἀκολουθῶν μοι οὐ μὴ περιπατήσῃ ἐν τῇ σκοτίᾳ, ἀλλ' ἕξει τὸ φῶς τῆς ζωῆς.

[232] Zu ihnen siehe besonders R. Egger, Ein altchristliches Kampfsymbol, in: Fünfundzwanzig Jahre Römisch-Germanische Kommission, Berlin 1930, 97—106 (Neuabdruck: Ders., *Römische Antike und frühes Christentum* 1, Klagenfurt 1962, 144—158) sowie E. Jastrzebowska, Les origines de la scène du combat entre le coq et la tortue dans les mosaiques chrétiennes d'Aquilée, *AAad* 8 (1975) 93—107; A. Carlini, Senso figurale cristiano in un tema iconografico della basilica teodoriana di Aquileia alla luce della tradizione letteraria, *Studi di poesia Latina in onore di Antonio Traglia*, Roma 1979, 901—914 und P. G. J. Post, De strijd tussen de haan en de schildpad. Een analyse van twee vroegchristielijke mozaike panelen in Aquileia, *Nederl. Teol. Tijdschr.* 34 (1980) 89—133.

[233] Bei Prud., cath. 1, 1 (*Ales diei nuntius* ...) u. ö. — Im Neuen Testament sind Licht und Finsternis zudem oft Sinnbilder für gut und böse, so etwa Io. 11, 9 f.: ἐάν τις περιπατῇ ἐν τῇ ἡμέρᾳ, οὐ προσκόπτει, ὅτι τὸ φῶς τοῦ κόσμου τούτου βλέπει· ἐὰν δέ τις περιπατῇ ἐν τῇ νυκτί, προσκόπτει, ὅτι τὸ φῶς οὐκ ἔστιν ἐν αὐτῷ.

[234] Wozu auch wieder die Ausführung der Malerei vorwiegend in Rot, eben der Farbe des Lebens, paßt.

[235] In diesem Zusammenhang sei daran erinnert, daß laut Herodot (hist. 4, 94, 1—2) die Thraker auch an ein Jenseits sowie ein ewiges Leben durch den Tod glaubten und Strabo (geogr. 7, 305) Geten und Daker ἀθανατίζοντες nennt. Daher sind bei ihren Grabhügeln gleichfalls die rote Farbe als Symbol für Blut bzw. Licht und Lebenskraft sowie die Ostung, d. h. die Ausrichtung der aufgehenden Sonne zu, vorherrschend. — Siehe etwa A. Fol, La Thrace éternelle ou la croyance en l'imortalité, in: *Legendes Thraces*, Sofia 1977, 137—151; I. Coman, L'immortalité chez les Thraco-Geto-Daces, *Actes du IIe congr. int. de thracologie* 3, București 1980, 241—269 und M. Nasta, Les rites d'immortalité dans la religion de Zalmoxis: syncretisme et/ou contamination, *ebend.* 337—353.

[236] Auch H. Demisch, *Erhobene Hände. Geschichte einer Gebärde in der bildenden Kunst*, Stuttgart 1984 hilft hier nicht weiter.

[237] Näheres besonders W. Neuss, *Die Oranten in der altchristlichen Kunst*, Bonn 1926 *(Festschrift P. Clemen)*, 130—149; Th. Klauser, Studien zur Entstehungsgeschichte der christlichen Kunst II und III, *JbAC* 2 (1959) 115—145 und 3 (1960) 112—133; M. Sotomayor, Notas sobre la Orante y sus acompanates en el arte paleocristiana, *Analecta Sacra Tarraconiensia* 34 (1961) 5—16; A. Hermann, Die Beter-Stelen von Terenuthis in Ägypten. Zur Vorgeschichte der christlichen Oransdarstellung, *JbAC* 6 (1963) 112—128;

Arme meist weit ausgebreitet haben und nirgends in solcher Pose zu finden sind. Nicht ausschließen läßt sich nach Vergleich sicher bestimmter Szenen, etwa in der Villa der Mysterien zu Pompej[238], ein Tanz, da erst jüngst H. J. Auf der Maur[239] gezeigt hat, daß dieser auch ein μυστήριον (vgl. unsere A. 75) ist und die Bewegung auf Christus, den Erlöser zur endzeitlichen ἀνάπαυσις, hin ausdrücken kann. Der von ihm behandelte Text der apokryphen Johannesakten gibt nämlich eine ideale Parallele zu unserer Grabmalerei ab, da der Tanz dort ebenfalls eine kosmische Dimension aufweist, indem die tanzende Gemeinde die kreisende Bewegung des Weltalls (darunter auch der Sonne und des Mondes) darstellt. Gleichermaßen könnte es sich um eine Art Totenklage handeln, findet sich doch das Haareraufen als Klagegestus von der phönikischen bis hin zur neuzeitlichen Malerei[240]. Beinahe völlig der unserer Dame entsprechende Haltung zeigen schon Trauernde auf attischen Krateren (Abb. 52) aus dem achten Jahrhundert v. Chr.[241]. Freilich paßt diese Deutung nicht ganz in die frühchristliche Vorstellungswelt, vor allem dann nicht, wenn der Beklagte gleich nebenan bereits im Paradies gezeigt ist. Nun kann man aber durchwegs beobachten, daß im sepulkralen Bereich keine logische Trennung zwischen Dies- und Jenseits erfolgt.

Deshalb stehen gleich unterhalb des Ehepaares zwei (?) Bäume samt zwei Vögel als Ideogramme für das Paradies[242]. Zurückführen läßt sich dieses Sujet auf den heiligen Hain der klassischen Zeit[243], der teilweise[244] sogar bis auf einen einzigen Baum reduziert ist. Meist jedoch erscheint der Verstorbene als Orans zwischen den Bäumen, so etwa in der Sepulkralmalerei des vierten Jahrhunderts in der Hauptstadt Rom über einem Arkosolium der Kallistkatakombe (Abb. 53)[245], in den Provinzen an Gräbern in Niš[246], Thessaloniki[247] u. ö.

A. Mulhern, L'orante. Vie et mort d'une image, *Les dossiers d'archeol.* 18 (1976) 34—47; F. Bisconti, Contributo all'interpretazione dell'ateggiamento di orante, *VetChr* 17 (1980) 17—28 und L. Bongrani Fanfoni, La tipologia dell'„orante“ rappresenta un gesto di preghiera? *RivStOr* 54 (1980) 299—302.

[238] Dazu vgl. u. a. C. Moreck (Hrsg.), *Der Tanz in der Kunst. Die bedeutendsten Tanzbilder von der Antike bis zur Gegenwart,* Stuttgart - Heilbronn 1924.

[239] Die Gnade tanzt. Das Tanzritual der apokryphen Johannesakten und seine Bedeutung, in: E. Gössmann - G. Zobel (Hrsgg.), *Das Gold im Wachs* = Festschrift für Th. Immoos, München 1988, 109—145 (mit weiterer Literatur).

[240] Insgesamt zum Thema siehe R. Fleischer, *Der Klagefrauensarkophag aus Sidon,* Tübingen 1983 (*Istanbuler Forschungen* 34).

[241] Genaueres hierzu bei D. C. Kurtz - J. Boardman, *Thanatos. Tod und Jenseits bei den Griechen,* Übers. von M. Buchholz, Red. und Vorwort von H.-G. Buchholz, Mainz 1985 *(Kulturgeschichte der antiken Welt)* passim.

[242] Zu ihm vgl. R. R. Grimm, *Paradisus coelestis paradisus terrestris. Zur Auslegungsgeschichte des Paradieses im Abendland bis um 1200,* München 1977 (*Medium Aevum. Philologische Studien* 33) und im speziellen E. Börsch-Supan, a. a. O.

[243] Welcher von B. Andreae, *Studien zur römischen Grabkunst,* Heidelberg 1963 (*RM* Erg. 9) 63 etwa schon im Grab des Patro an der Via Latina zu Rom (siehe auch G. Bagnani, The Tomb of Patro, *AJA* 57 [1953] 104) als Elysium interpretiert wird. — An Primärquellen seien bloß Lact., de av. phoen. 1—30 und Ov., amor. 2, 6, 49 ff. genannt, wo von einem Wald seliger Vögel die Rede ist.

[244] So u. a. im Traum des Nabuchodonosor Dan. 4, 7 ff.

[245] Bei A. Nestori, *Repertorio topografico delle pitture delle catacombe Romane,* Città del Vaticano (*Roma sotterranea cristiana* 5), 106, nr. 44.

[246] Die diesbezügliche Literatur findet sich bereits in unserer A. 187.

[247] Publiziert durch St. Pelekanidis, a. a. O., fig. 7. — Für den östlichen Kulturkreis vgl. J. Flemming, Gärten der Ewigkeit. Einflüsse christlicher Ikonographie in der frühislamischen Kunst, *Das Münster* 19 (1966) 449—464.

Betrachten wir abschließend nochmals kurz die Gesamtkomposition des Grabes in Ossenovo, so dürfen wir wohl festhalten, daß der hauptsächliche Sinn der Malerei viel weniger die Dekoration als der Ausdruck von Religion war[248].

Mögen auch viele der vorne versuchten Deutungen nur auf Hypothesen beruhen[249], könnte der Grundansatz im wesentlichen doch stimmen. Zumal da stets versucht wurde, Parallelen nicht nur aus der unmittelbaren Nähe des besprochenen Denkmals, sondern auch aus dem Westen des römischen Reiches heranzuziehen. Allgemeine Aussagen über die Entwicklung der provinziellen Malerei und ihr Verhältnis zu Rom bzw. die Beziehungen zwischen einzelnen Provinzen haben wir jedoch vermieden, da die vielen Neufunde vor allem in den Balkanländern zum Großteil erst ihrer Veröffentlichung harren[250] und — so unglaublich es klingt — römische Grabmalerei überhaupt noch keine zusammenfassende Behandlung erfahren hat, weshalb unser diesbezügliches Wissen leider insgesamt sehr lückenhaft ist[251].

Höchst interessant sind weiters die mehrfach aufgezeigten Beziehungen des hier vorgelegten frühchristlichen Grabes zu seiner ‚heidnischen', d. h. besser übrigen Umwelt. Besonders hervorzuheben ist dabei die ebenfalls einen Jenseitsglauben pflegende autochthone Bevölkerung der Thraker, deren etwaiger Niederschlag sich in der Malerei allerdings kaum wirklich fassen läßt, da selbst die Wandgliederung in Felder wohl für das vierte Jahrhundert, nicht aber für eine bestimmte Region typisch ist[252]. Für die Provinz spricht am ehesten die primitive Ausführung[253], obwohl auch sie freilich bloß auf geringe Entlohnung und damit einen unerfahrenen Maler rückführbar wäre. Schön jedenfalls dürfte das Ergebnis selbst damaligen einheimischen Betrachtern nicht erschienen sein, dafür aber umso aussagekräftiger, und zwar auch hinsichtlich des Wesens der frühchristlichen Kunst. Als bildliche Botschaft birgt sie quasi synkretistisch alle Wahrheiten der übrigen Religionen und Philosophien, Lehren und Traditionen der ganzen vielschichtigen Umwelt in sich[254]. Auch das besprochene Grab zeigt den Übergang von antiker Kosmologie zu der an kein bestimmtes Weltbild gebundenen

---

[248] Hierzu siehe auch die Arbeiten von K. SCHEFOLD, darunter besonders *Römische Kunst als religiöses Phänomen*, Hamburg 1964.

[249] Näheres hinsichtlich dieses Problems bei P. MICHEL, *Tiere als Symbol und Ornament. Möglichkeiten und Grenzen der ikonograpischen Deutung, gezeigt am Beispiel des Zürcher Großmünsterkreuzganges*, Wiesbaden 1979.

[250] Eine Zusammenstellung des bulgarischen Materials erfolgte durch R. PILLINGER, Frühchristliche Malerei.

[251] Wie bereits H. MIELSCH, Funde und Forschungen mehrmals betont.

[252] Genaueres bringt F. W. DEICHMANN, Wandsysteme, *ByzZ* 59 (1966) 334—358.

[253] Weitere Parallelen finden sich vor allem bei M. И. РОСТОВЦЕВ [M. I. Rostovcev], *Античная декоративная живопись юге Росии* [Die Antike dekorative Malerei Südrußlands] 1—2, СПБ 1913—1914.

[254] Vgl. hierzu bloß auswahlweise G. ANRICH, *Das antike Mysterienwesen in seinem Einfluß auf das Christentum*, Göttingen 1894; C. CLEMEN, *Der Einfluß der Mysterienreligionen auf das älteste Christentum*, Gießen 1913; A. LOISY, *Les mysteres païens et le mystère chrétien*, ²Paris 1930; B. HEIGL, *Antike Mysterienreligionen und Urchristentum*, Münster 1932; K. PRÜMM, *Der christliche Glaube und die altheidnische Welt* 1—2, Leipzig 1935; C. N. COCHRANE, *Christianity and Classical Culture*, Oxford 1940; W. KNOX, *Some Hellenistic Elements in Primitive Christianity*, London 1944; H. RAHNER, *Griechische Mythen in christlicher Deutung;* R. BULTMANN, *Das Urchristentum im Rahmen der antiken Religionen*, ³Zürich 1963; H. CHADWICK, *Early Christian Thought and Classical Tradition*, Oxford 1966; R. RISTOW, *Römischer Götterhimmel und frühes Christentum. Bilder zur Frühzeit der Kölner Religions- und Kirchengeschichte*, Köln 1980. — Daß es sich bei den jeweils aufgezeigten Ähnlichkeiten nicht um Abhängigkeiten, sondern meist um durch die menschliche Natur mehr oder minder festgelegte Grundwahrheiten bzw. mit gänzlich verschiedenem Inhalt gefüllte Formengleichheit handelt, wurde bereits S. 34 und öfter angedeutet.

christlichen Theologie[255]. In ihr finden griechischer und römischer Geist eigentlich erst ihre Bekrönung, sodaß Iustinus martyr[256] mit Recht Christus als den Logos sieht, an dem das gesamte Menschengeschlecht seinen Anteil hat und alle, die ihm gemäß gelebt haben, als Christen erklärt, auch wenn sie für gottlos gehalten werden wie z. B. Sokrates und Heraklit. All dies hat aber zur Folge, daß Sinn und Aussage jedes frühchristlichen Bildes jeweils nur mit Hilfe der dahinterstehenden Geistesgeschichte, die vor allem in den literarischen Quellen faßbar ist, einigermaßen erschlossen werden können. Bloß der Versuch eines solchen Unterfangens wollen auch die vorliegenden Zeilen sein.

Als ihr Endergebnis läßt sich festhalten, daß die Malerei der Grabkammer in Ossenovo trotz ihres kryptischen Charakters vor allem der Ausdruck eines reichen und trostspendenden Glaubens ist, da sie mit der Darstellung des außergewöhnlichen Tages, wie dargelegt wurde, wohl auf die Auferstehung am sogenannten jüngsten Tag reflektiert und in ihm die Hoffnung auf ein Weiterleben nach dem Tod ausspricht. Folglich handelt es sich aber nicht nur um eine soziologisch und historisch bedingte Gegebenheit, sondern um einen Ausdruck von Religion, die auch heute noch theologisch relevant ist.

---

[255] Siehe dazu u. a. U. Wickert, Christus kommt zur Welt. Zur Wechselbeziehung von Christologie, Kosmologie und Eschatologie in der Alten Kirche, in: *Kerygma und Logos. Beiträge zu den geistesgeschichtlichen Beziehungen zwischen Antike und Christentum = Festschrift für C. Andresen*, Göttingen 1979, 461—481.

[256] Apol. 1,46,2—3 (ed. G. Rauschen 80): Τὸν Χριστὸν πρωτότοκον τοῦ θεοῦ εἶναι ἐδιδάχθημεν καὶ προεμηνύσαμεν λόγον ὄντα, οὗ πᾶν γένος ἀνθρώπων μετέσχε. Καὶ οἱ μετὰ λόγου βιώσαντες Χριστιανοί εἰσι, κἂν ἄθεοι ἐνομίσθησαν, οἷον ἐν Ἕλλησι μὲν Σωκράτης καὶ Ἡράκλειτος.

ABKÜRZUNGSVERZEICHNIS

AAad . . . . Antichità Altoadriatiche
AAHung . . . . Acta Archaeologica Academiae Scientiarum Hungaricae
AAM . . . . Arte Antica e Moderna
AAR . . . . Analele Academiei Române
AC . . . . Antike und Christentum
ActaClDebrec . . . . Acta Classica Universitatis Scientiarum Debreceniensis
AEM . . . . Archäologisch-epigraphische Mitteilungen
AJA . . . . American Journal of Archaeology
AMI . . . . Archäologische Mitteilungen aus Iran
ANRW . . . . Aufstieg und Niedergang der Römischen Welt
Anz . . . . Anzeiger der Österreichischen Akademie der Wissenschaften
AP . . . . Arheološki Pregled
APX [Arh] . . . . Археология [Archäologie]
ArtB . . . . The Art Bulletin
AW . . . . Antike Welt

Бан [BAN] . . . . Българска академия на науките [Bulgarische Akademie der Wissenschaften]
Bant . . . . Schriften der Balkankommission der ÖAW, antiquarische Abteilung
BCMI . . . . Buletinul Comisiunii Monumentelor Istorice
ByzZ . . . . Byzantinische Zeitschrift
BZNW . . . . Beihefte zur Zeitschrift für die Neutestamentliche Wissenschaft

Ca . . . . Carinthia
CArch . . . . Cahiers Archéologiques
CArt . . . . Cahiers d'Art
CC . . . . Corpus Christianorum
CIL . . . . Corpus Inscriptionum Latinarum
CSEL . . . . Corpus Scriptorum Ecclesiasticorum Latinorum

DACL . . . . Dictionnaire d'Archéologie Chrétienne et de Liturgie, ed. F. Cabrol - H. Leclercq

EH . . . . Études Historiques
EPRO . . . . Études préliminaires aux religions orientales dans l'empire romain

FF . . . . Forschungen und Fortschritte
FVS . . . . Fragmente der Vorsokratiker

GCS . . . . Die griechischen christlichen Schriftsteller der ersten (drei) Jahrhunderte
ГОВАД [GOVAD] . . . . Годищен Отчет на Варненското Археологическо Дружество [Jahresbericht der archäologischen Gesellschaft von Varna]
ГПНБ [GPNB] . . . . Годищник на Пловдивската Народна Библиотека [Jahrbuch der Nationalbibliothek von Plovdiv]

ИАИ [IAI] . . . . Известия на археологическа институт при БАН [Mitteilungen des archäologischen Instituts an der BAN]
ИНИМ [INIM] . . . . Известия на Националния Исторически Музей — София [Mitteilungen des Nationalmuseums für Geschichte — Sofija]
ИНМ-Варна [INM-Varna] . . . . . Известия на народния музей във Варна [Mitteilungen des Nationalmuseums in Varna]
IsrExplJ . . . . Israel Exploration Journal
ИВАД [IVAD] . . . . Известия на Варненското археологическо дружество [Mitteilungen der archäologischen Gesellschaft von Varna]

Jb . . . . Jahrbuch
JbAC . . . . Jahrbuch für Antike und Christentum
JÖByz . . . . Jahrbuch der Österreichischen Byzantinistik
JThS . . . . Journal of Theological Studies

LXX . . . . Septuaginta

MEFRA . . . . Mélanges de l'École Française de Rome, Antiquité
MGH auct. ant. . . . . Monumenta Germaniae Historica, auctores antiquissimi

OC . . . . Oriens Christianus
ÖAW . . . . Österreichische Akademie der Wissenschaften
ÖJh . . . . Jahreshefte des Österreichischen Archäologischen Institutes in Wien

PCAS . . . . Pontificia Commissione di Archeologia Sacra
PG . . . . Patrologiae cursus completus . . . Series Graeca
PL . . . . Patrologiae cursus completus . . . Series Latina
PLS . . . . Patrologiae cursus completus . . . Series Latina. Supplementum

RE . . . . Paulys Real-Encyclopädie der classischen Altertumswissenschaft
REA . . . . Revue des Études Anciennes
RendPontAcc . . . . Rendiconti. Atti della Pontificia Accademie Romana di Archeologia
RhMus . . . . Rheinisches Museum
RivStOr . . . . Rivista degli Studi Orientali
RM . . . . Mitteilungen des Deutschen Archäologischen Instituts, Römische Abteilung
RömHistMitt . . . . Römische Historische Mitteilungen
RQS . . . . Römische Quartalschrift für christliche Altertumskunde und für Kirchengeschichte
RSR . . . . Revue des Sciences Religieuses

SC . . . . Sources Chrétiennes
СПБ [SPB] . . . . С. Петербург [S. Peterburg], heute Leningrad

ThZ . . . . Theologische Zeitschrift

VetChr . . . . Vetera Christianorum
ВМИ [VMI] . . . . Висщ Медицински Институт [Höheres Medizinisches Institut]

Z . . . . Zeitschrift
ZKTh . . . . Zeitschrift für Katholische Theologie

INDEX SACRAE SCRIPTURAE

Testamentum Vetus

Testamentum Novum

INDEX AUCTORUM

NAMEN- UND SACHREGISTER

Schwarzweißtafeln

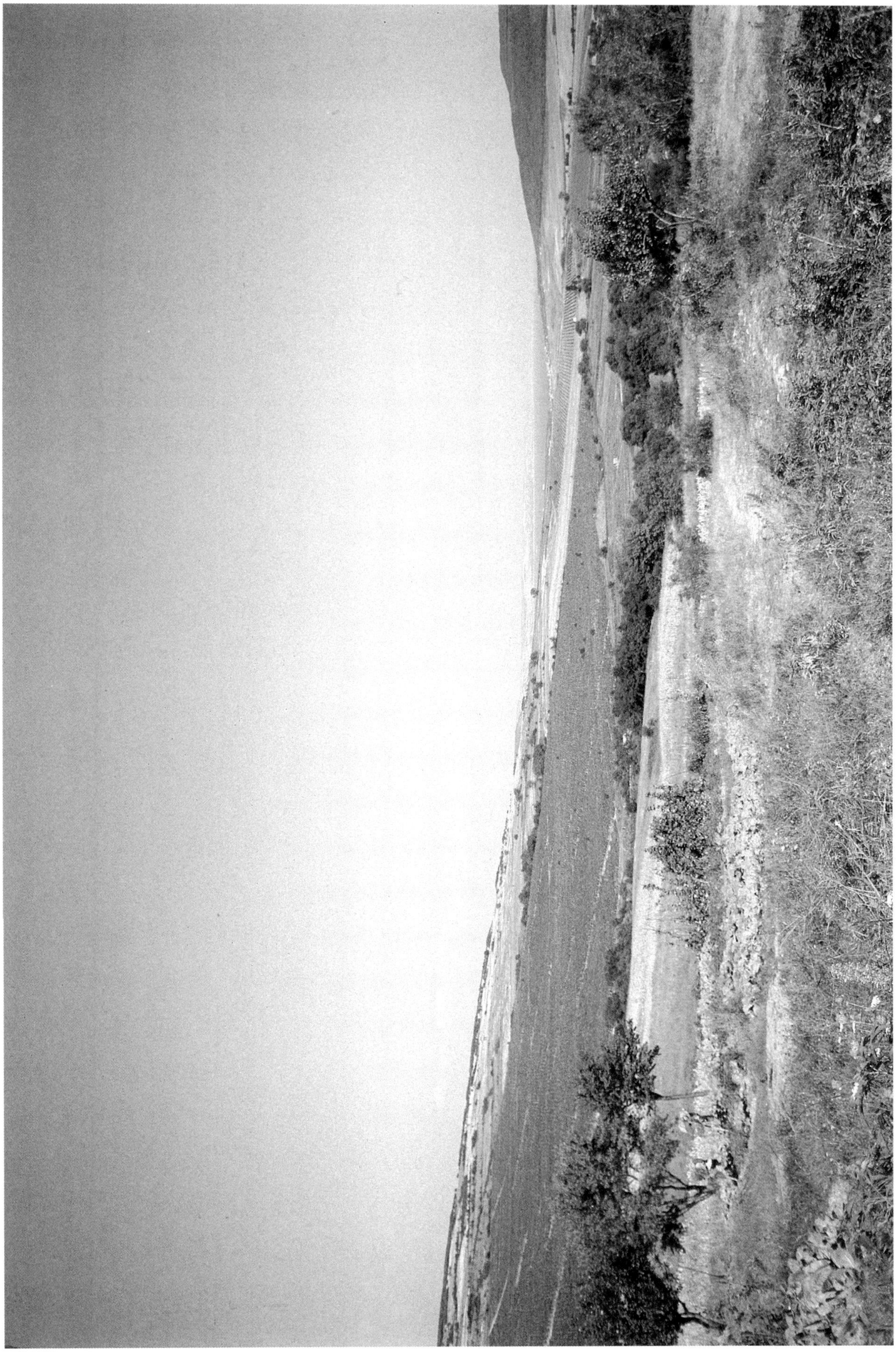

Abb. 2 Blick von Ossenovo an die Meeresküste (nach Aufnahme von R. PILLINGER)

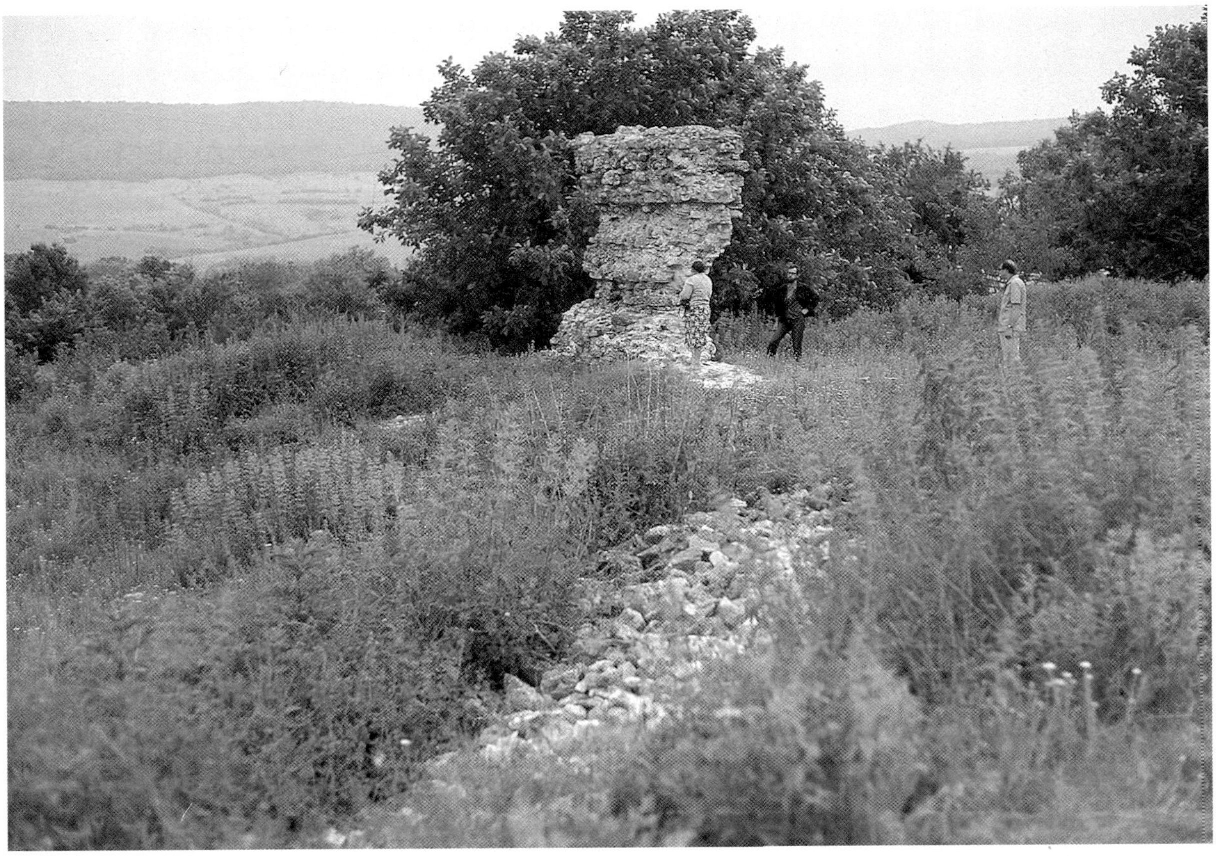

Abb. 3 Reste der spätantiken Festung nahe des heutigen Ortes Ossenovo (nach Aufnahme von R. PILLINGER)

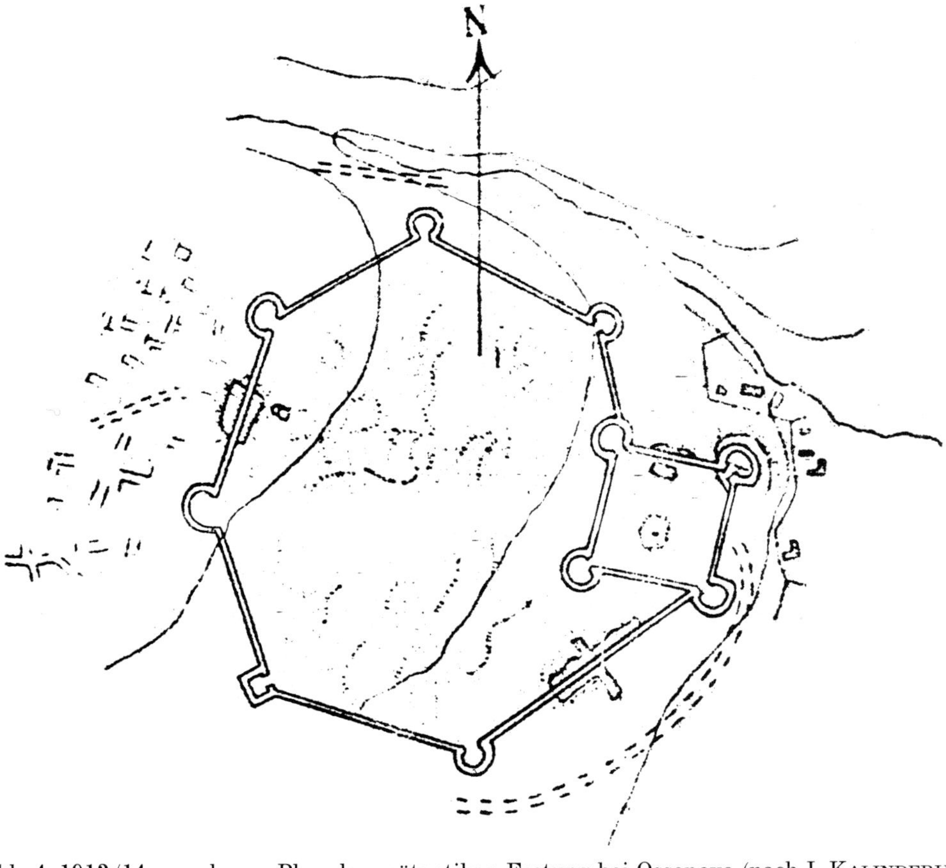

Abb. 4 1913/14 ergrabener Plan der spätantiken Festung bei Ossenovo (nach I. KALINDERU)

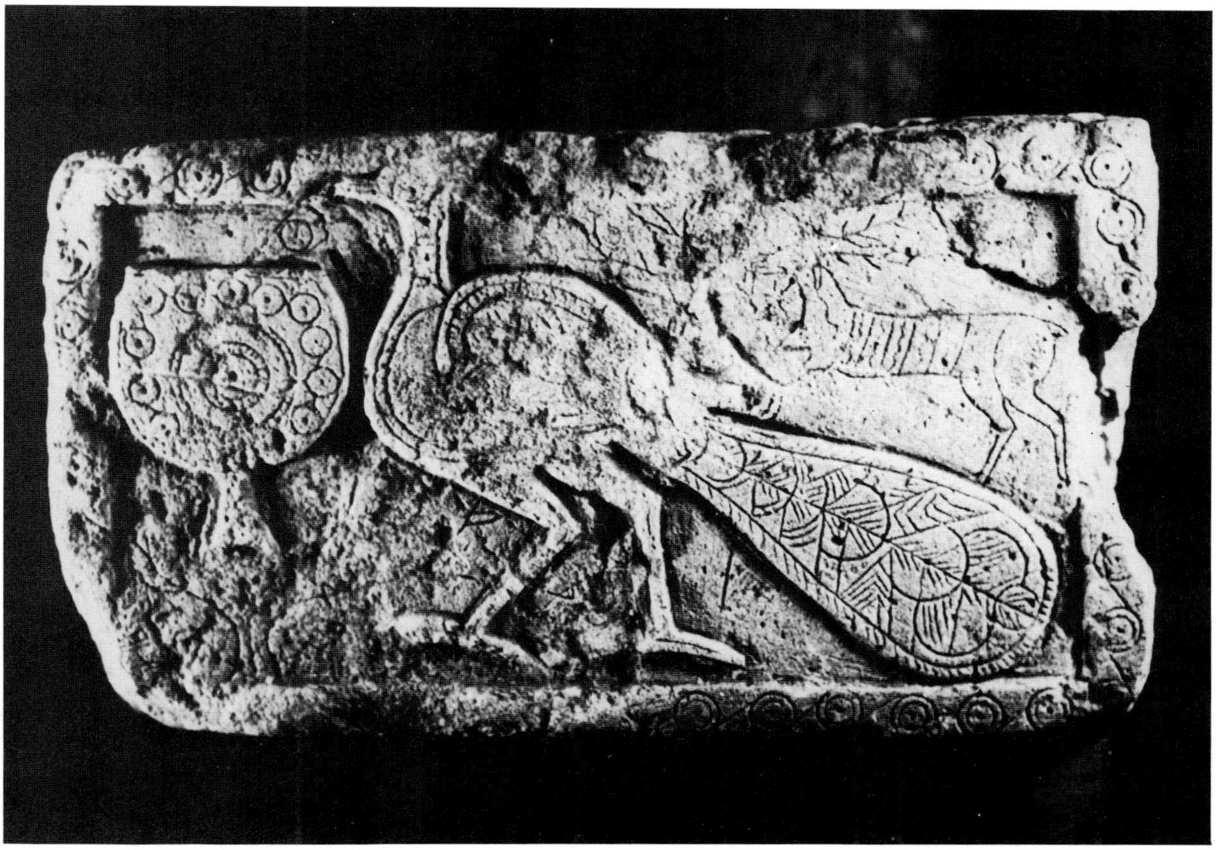

Abb. 5 Reliefplatte aus der spätantiken Festung bei Ossenovo, derzeit unter Inv. III 224 im Historischen Kunstmuseum von Varna (nach einem Photo des Museums)

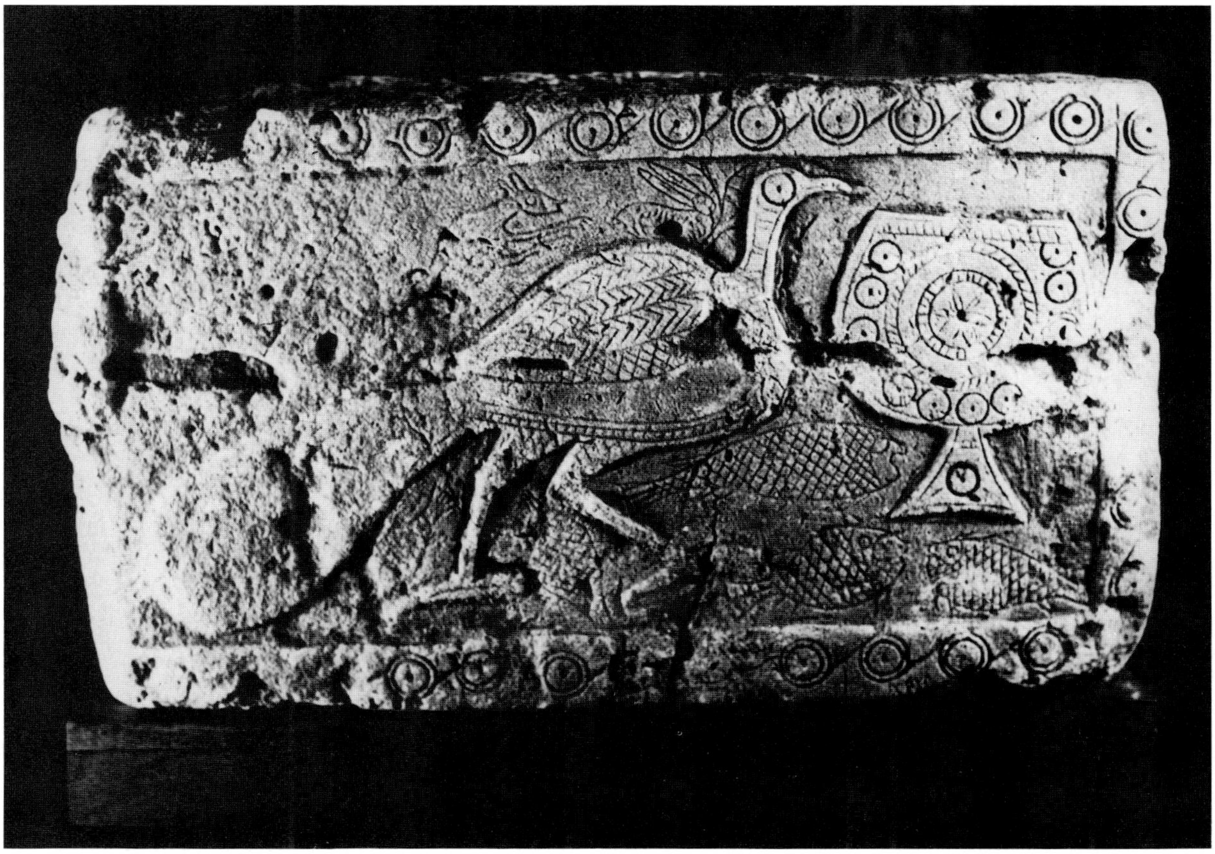

Abb. 6 Reliefplatte aus der spätantiken Festung bei Ossenovo, derzeit unter Inv. III 223 im Historischen Kunstmuseum von Varna (nach einem Photo des Museums)

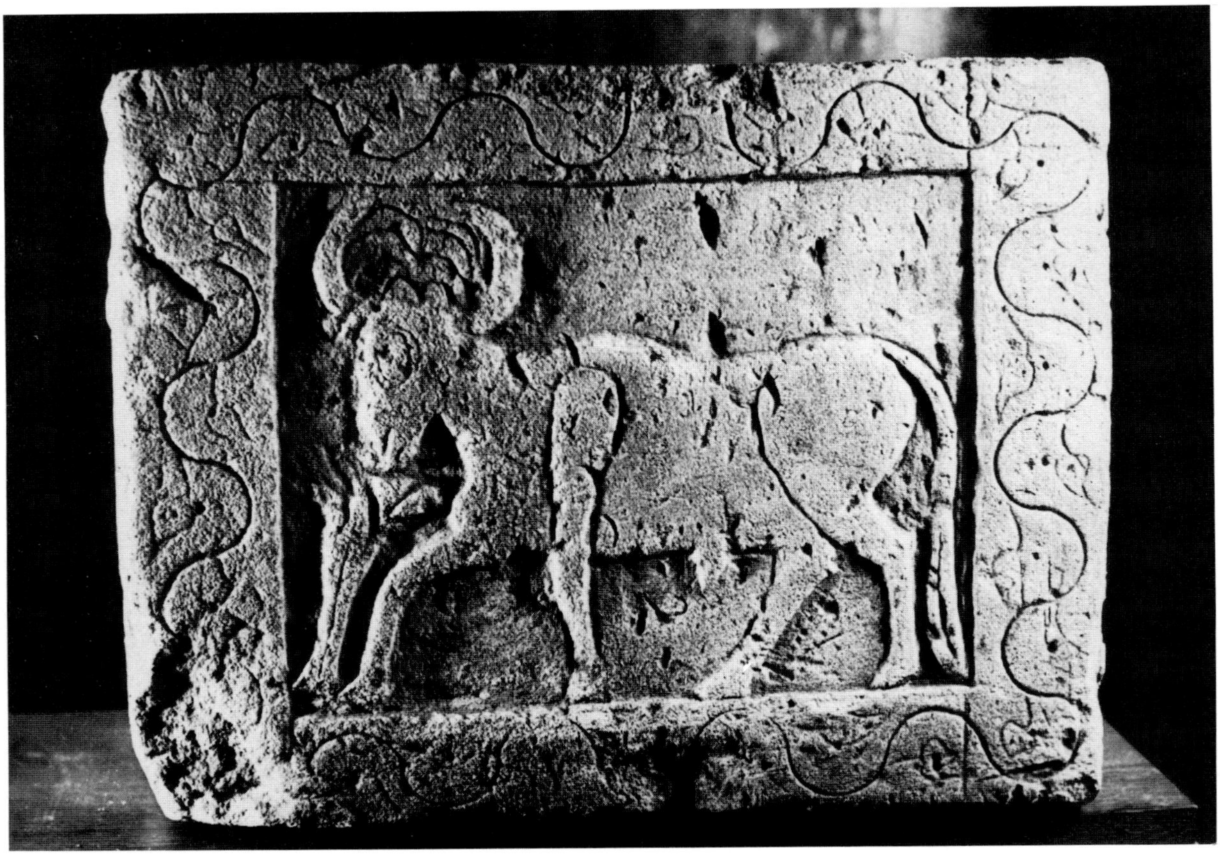

Abb. 7 Reliefplatte aus der spätantiken Festung bei Ossenovo, derzeit unter Inv. III 222 im Historischen Kunstmuseum von Varna (nach einem Photo des Museums)

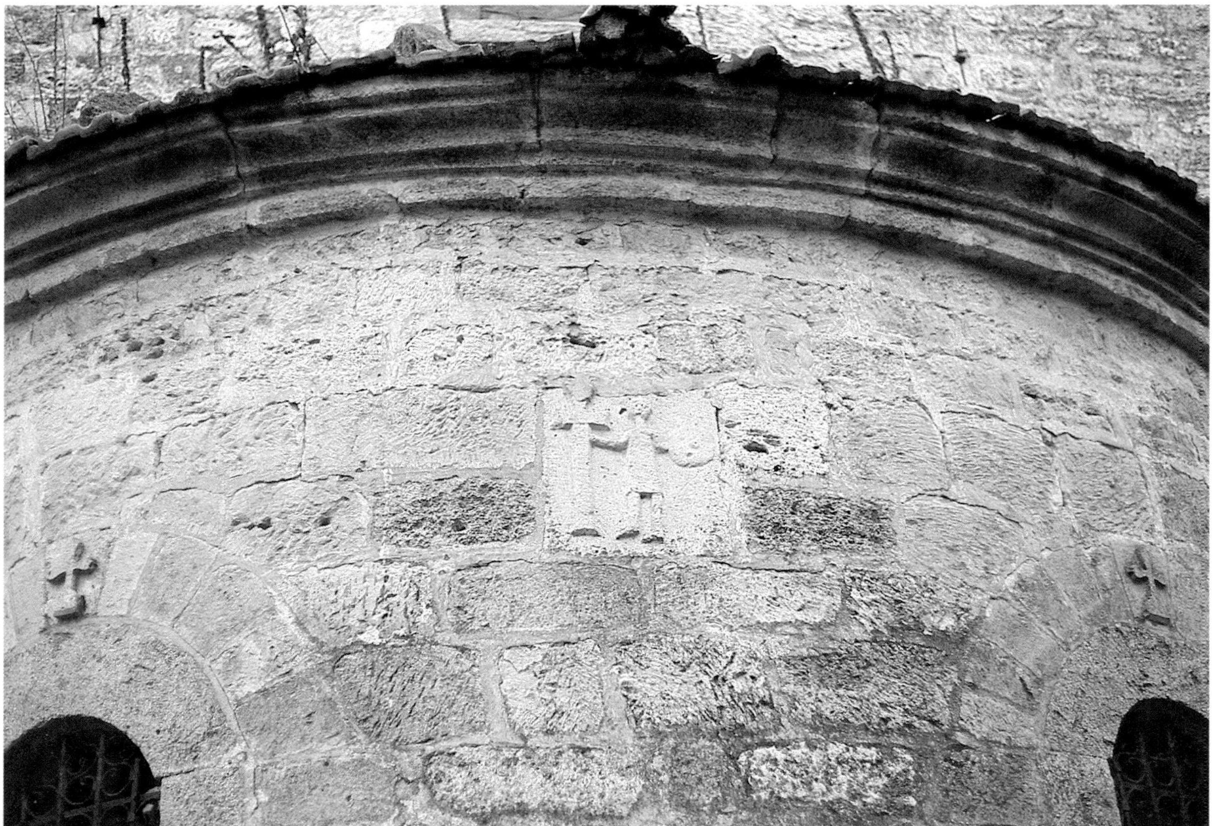

Abb. 8 Kalksteinrelief an der Außenseite der Apsismauer der heutigen Dorfkirche von Ossenovo (nach Aufnahme von R. Pillinger)

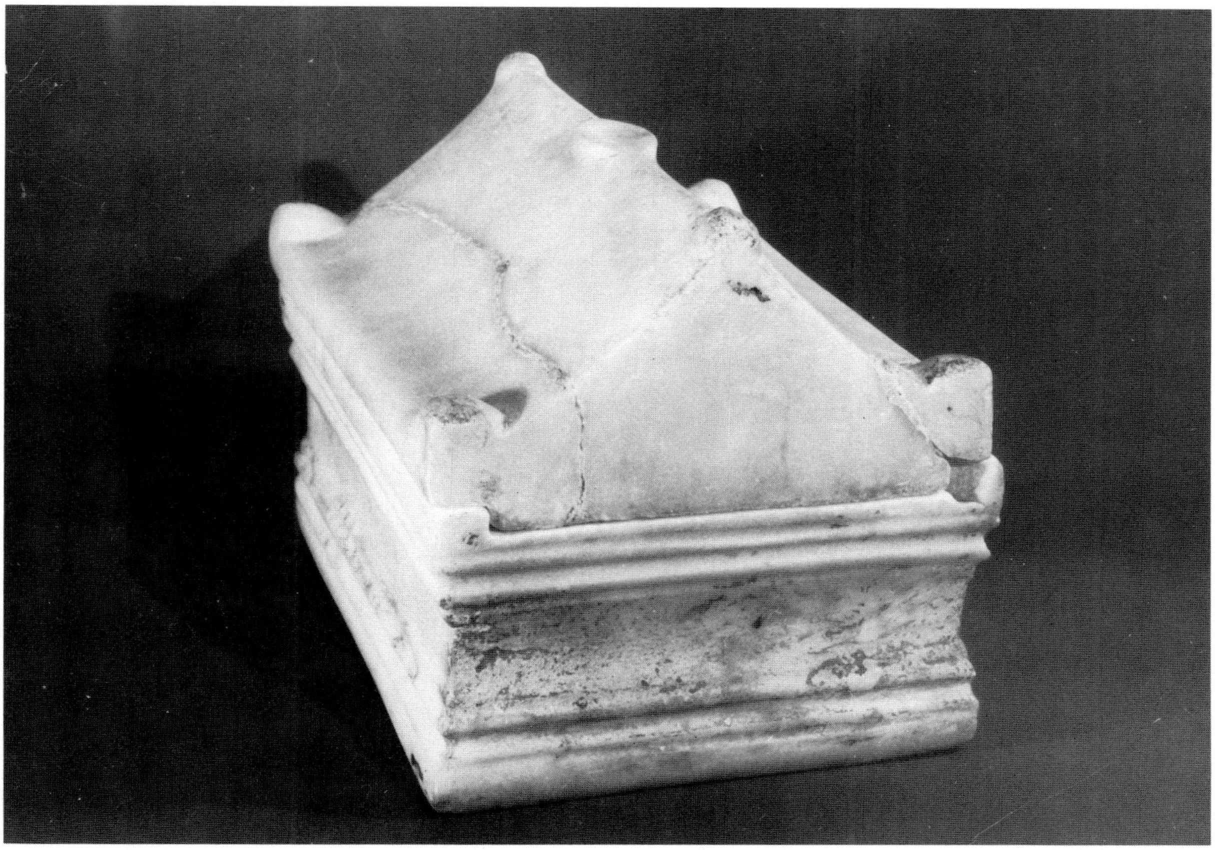

Abb. 9a, b Marmorreliquiar aus der spätantiken Festung von Ossenovo, heute unter Inv. 2045 in der Mittelalterabteilung des Sofijoter Archäologischen Museums (nach einem Photo des Museums)

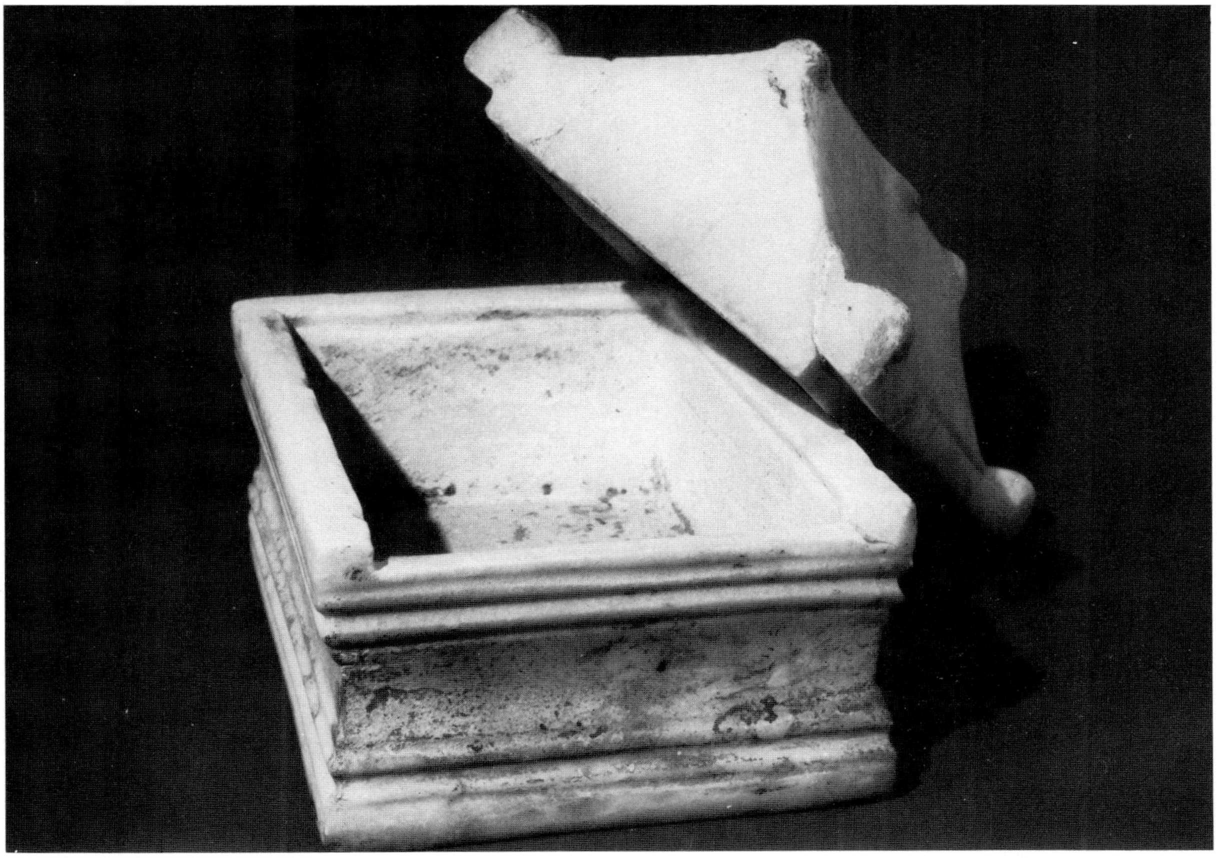

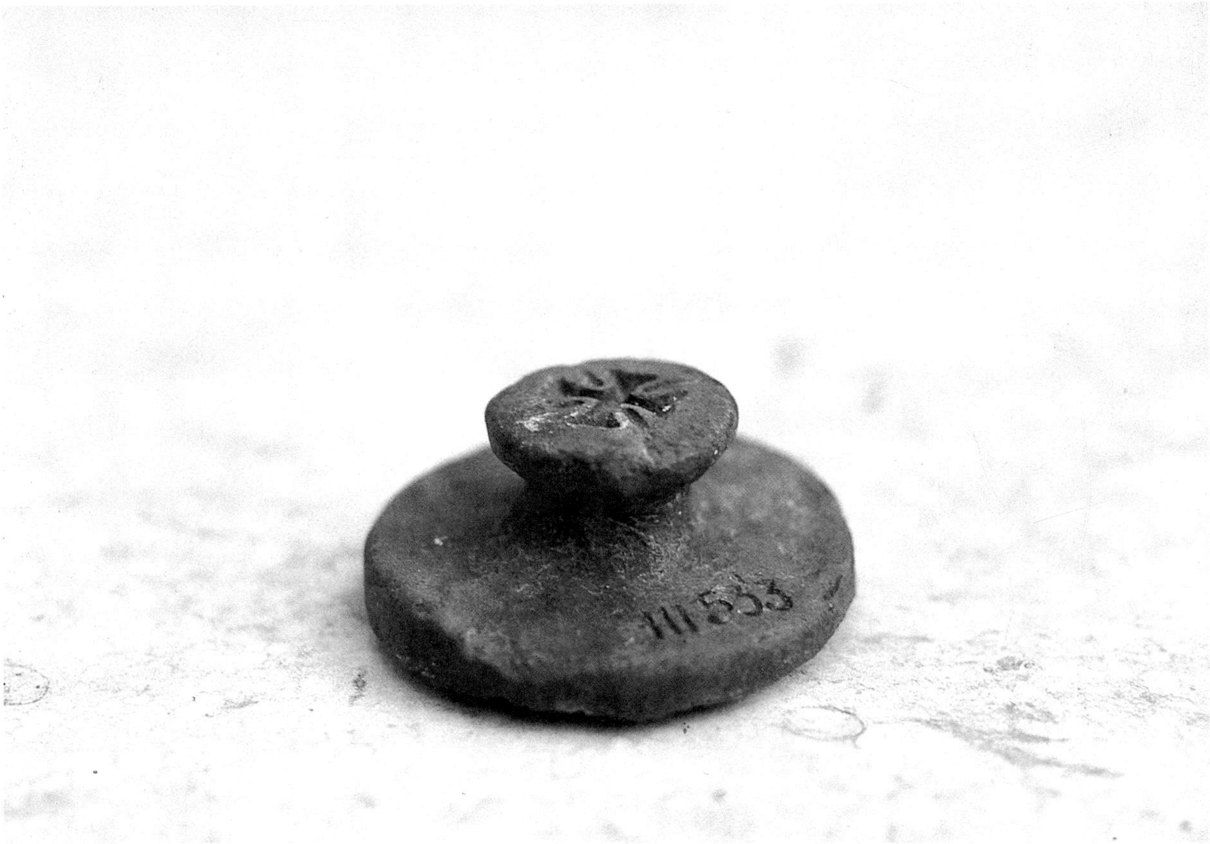

Abb. 10 Tonstempel aus Ossenovo, derzeit unter Inv. III 533 im Historischen Kunstmuseum von Varna (nach Aufnahme von R. PILLINGER)

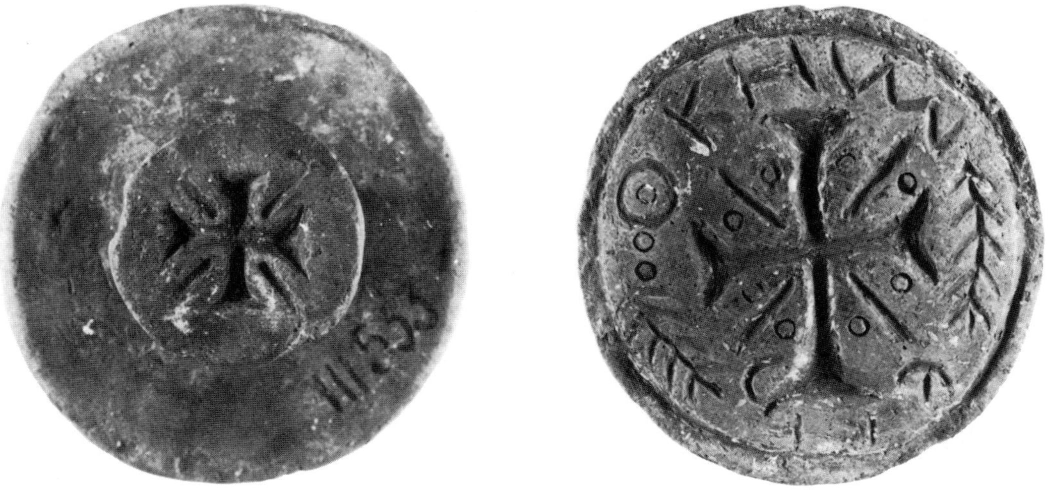

Abb. 11 a, b Der Abb. 10 wiedergegebene Stempel von oben (Draufsicht) und unten (Stempelfläche) (nach einem Photo des Museums)

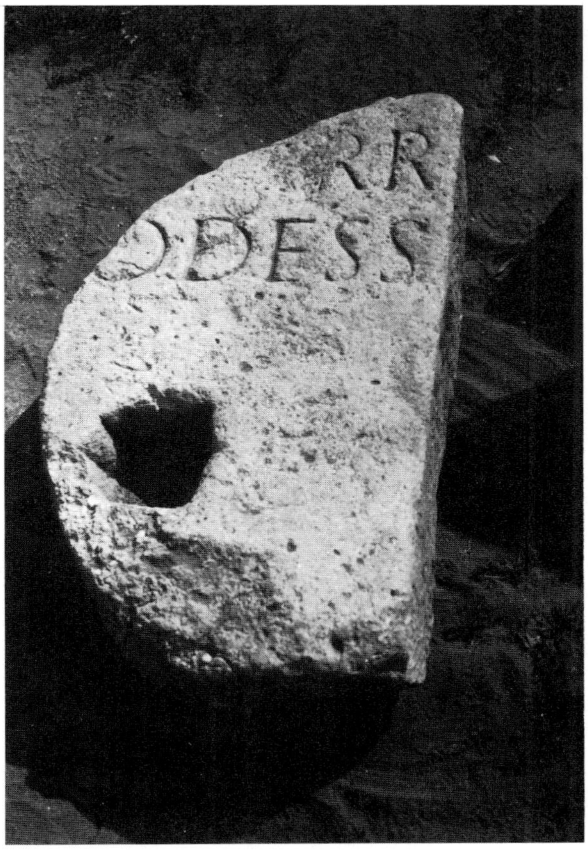

Abb. 12 Einst in einem Brunnen von Dišpudak/Ossenovo vermauerter antiker Grenzstein, derzeit im Historischen Kunstmuseum von Varna (nach einem Photo von A. MINČEV)

Abb. 13 und 14 Siehe Falttafeln

Abb. 15 und 16 Siehe Farbtafeln

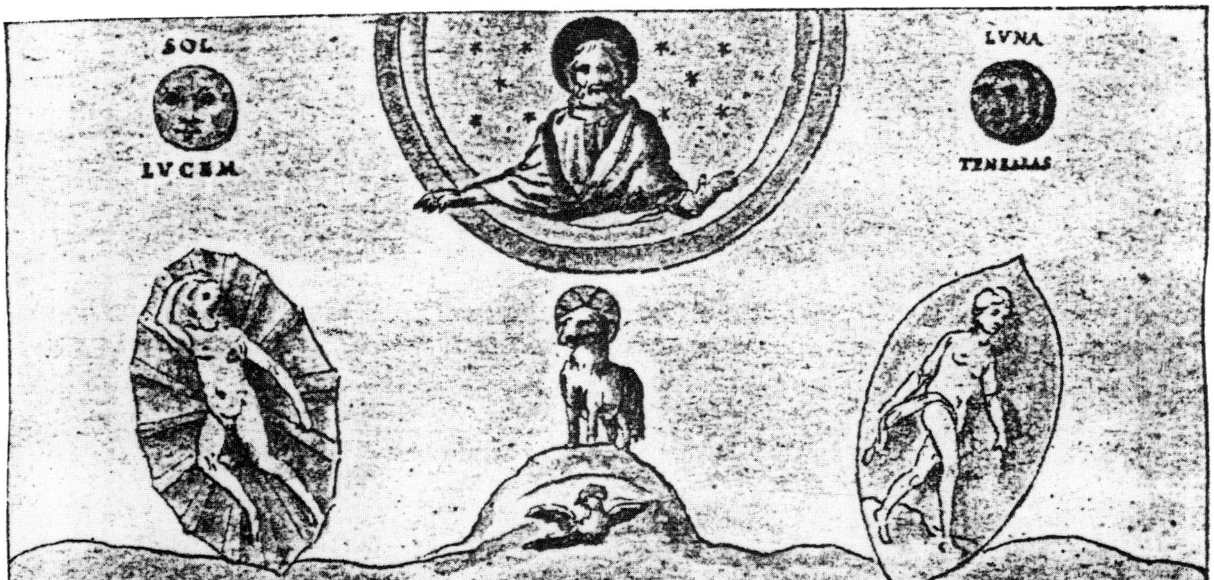

Abb. 19 Detail der Dekoration von Alt-St. Paul in Rom: Schöpfungsszene mit Scheidung des Lichtes von der Finsternis (nach J. WILPERT, *Die römischen Mosaiken* 584, fig. 225)

Abb. 20—23 Siehe Farbtafeln

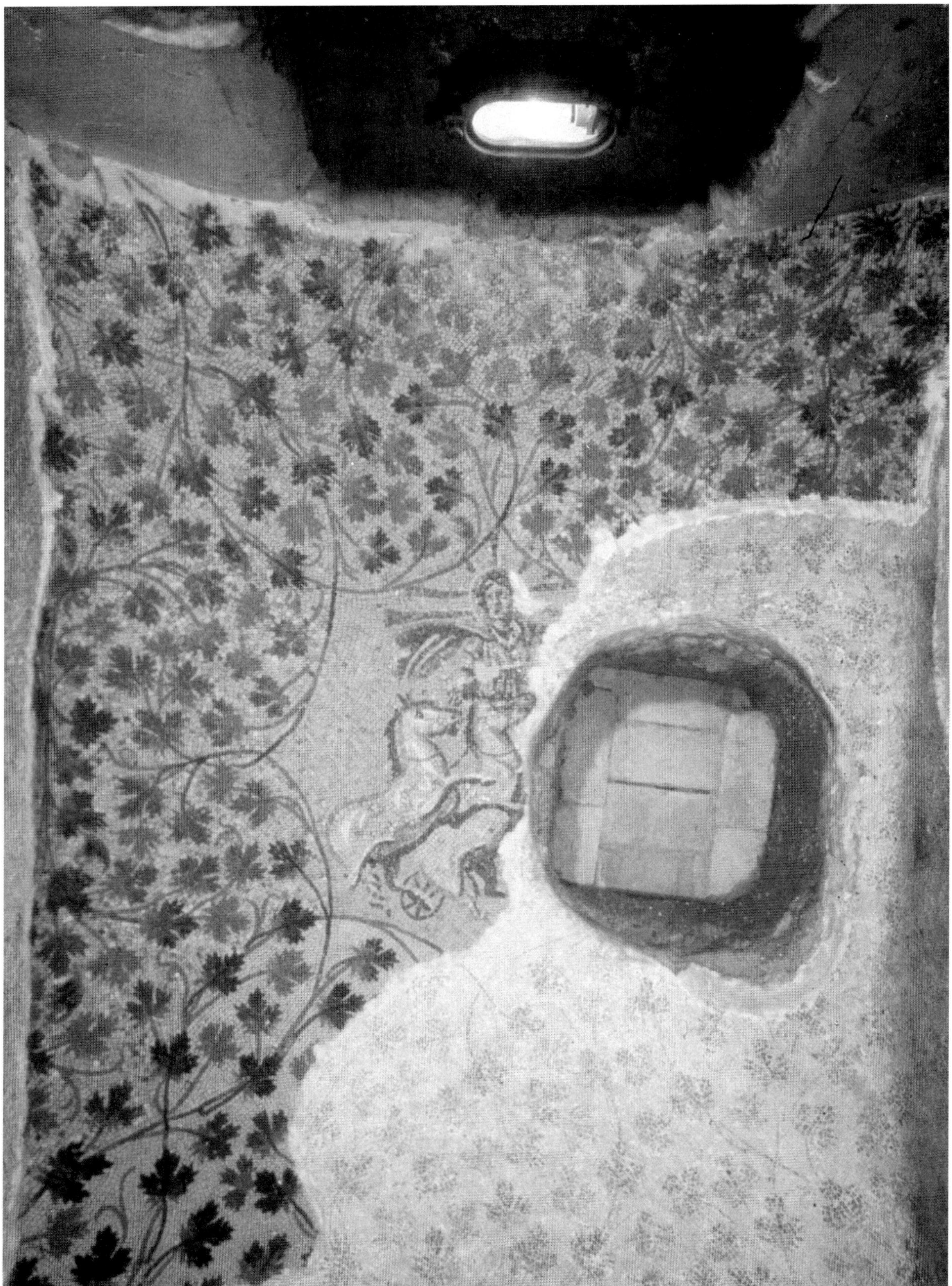

Abb. 24 Deckenmosaik der sogenannten Juliergruft unter S. Pietro in Rom (nach einem Dia der Reverenda Fabbrica)

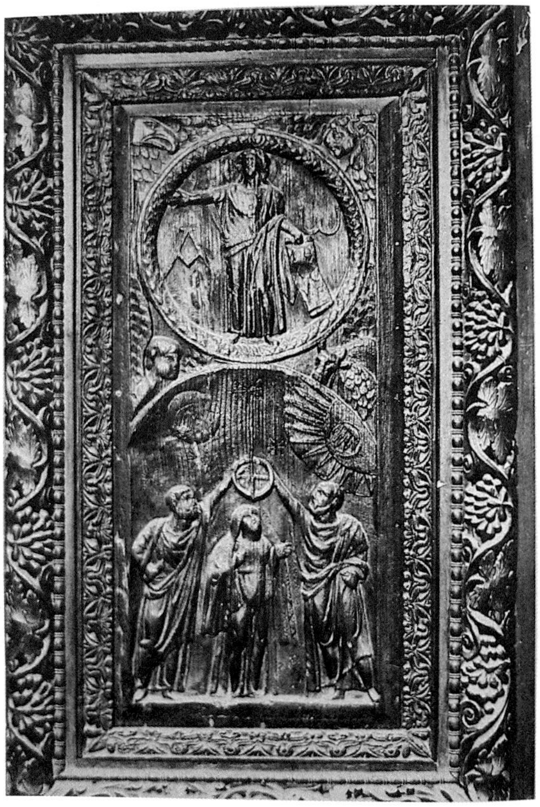

Abb. 25 Sogenannte Parusietafel an der Holztür von S. Sabina in Rom (nach G. JEREMIAS, a.a.O., Tf. 68)

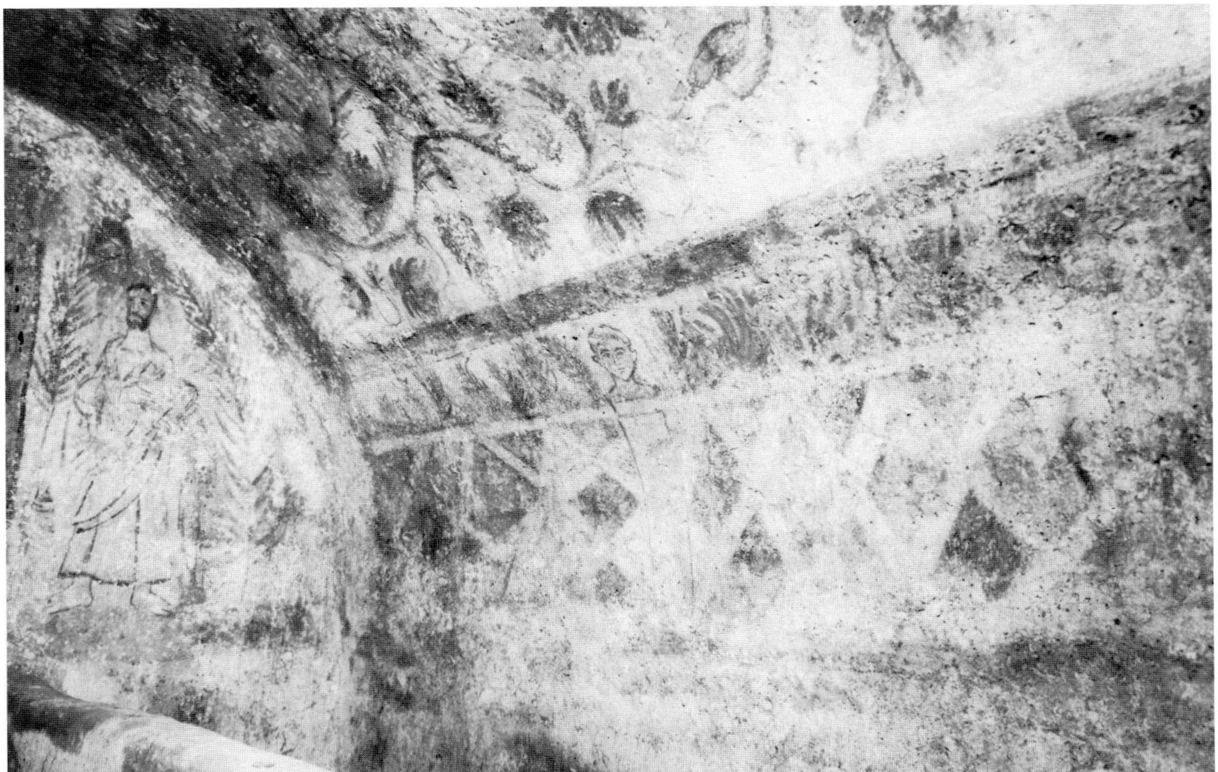

Abb. 26 Gartenzaun mit Hermen in einem Grab in Niš (nach einem Photo des Museums)

Abb. 27—29 Siehe Farbtafeln

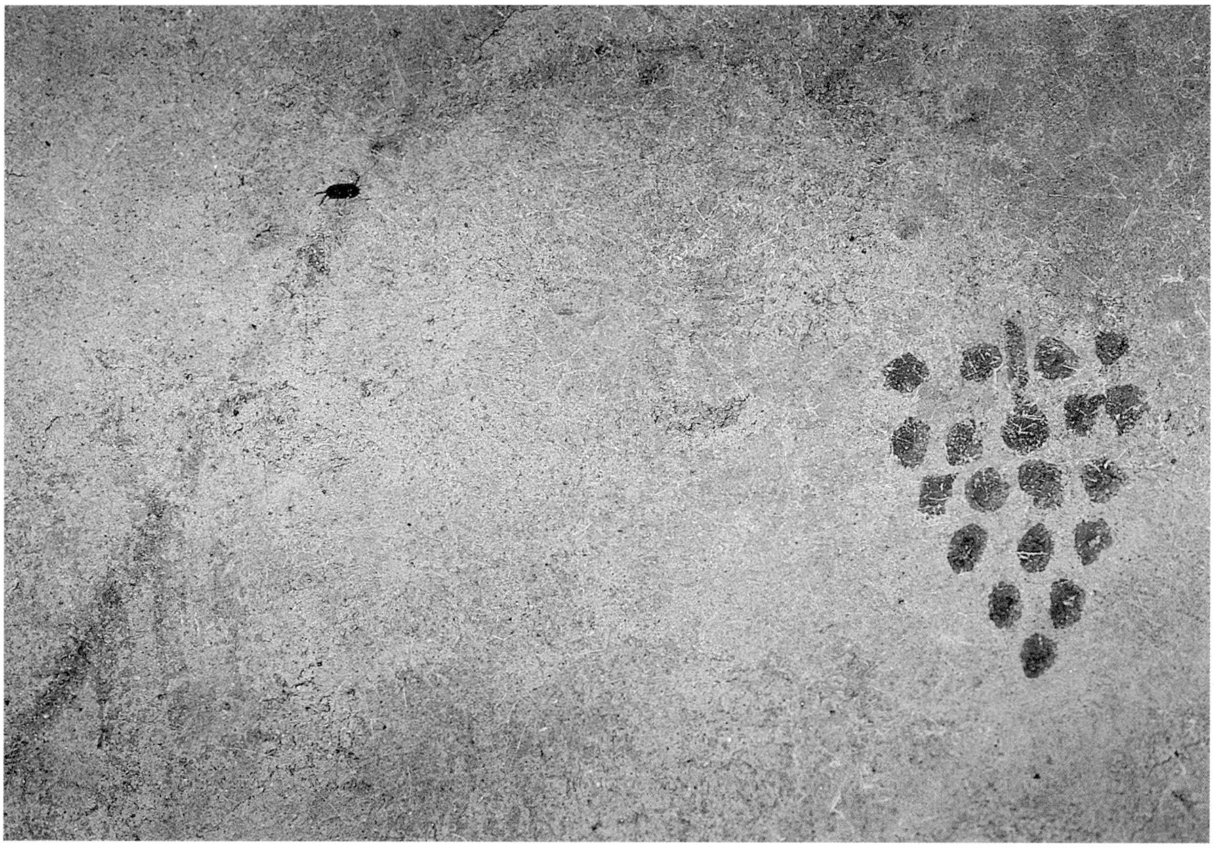

Abb. 30 Detail der Abb. 29 (nach Aufnahme von R. Pillinger)

Abb. 31 Siehe Farbtafel

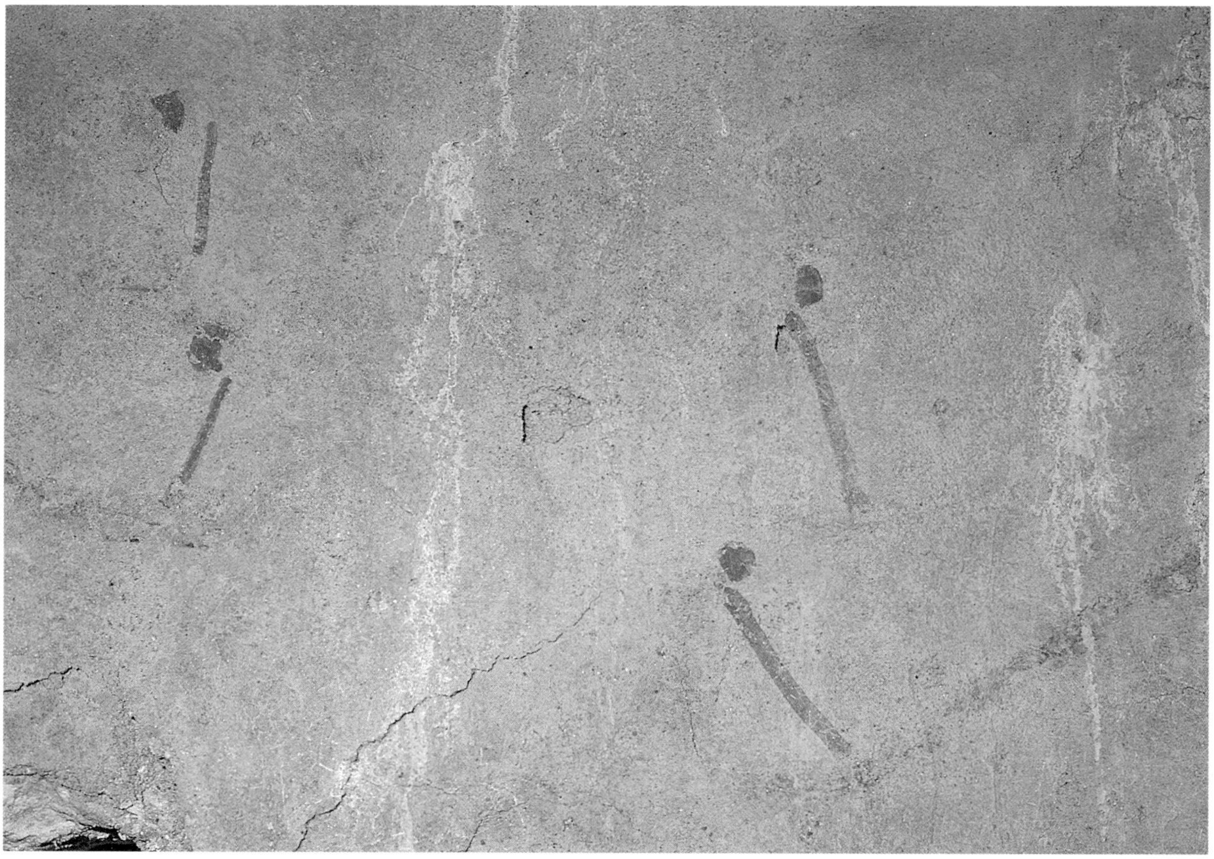

Abb. 32 Detail der Abb. 31 (nach Aufnahme von R. Pillinger)

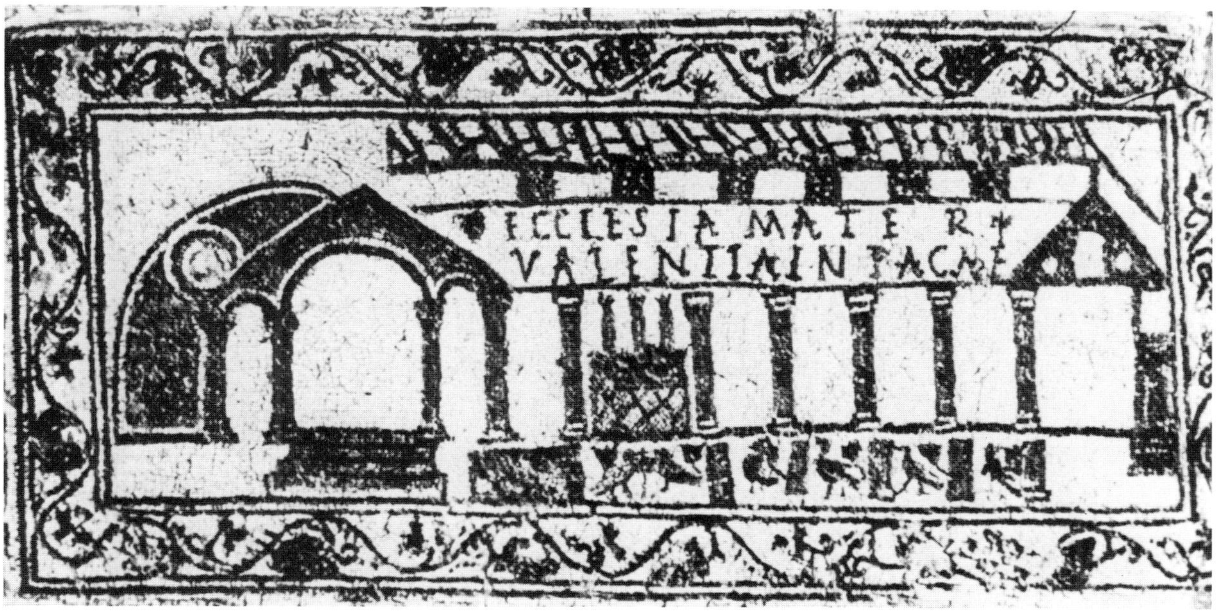

Abb. 33 Grabmosaik aus Thabraca, heute im Bardomuseum von Tunis (nach W. GESSEL, a. a. O., Abb. 53 a)

Abb. 34—37 Siehe Farbtafeln

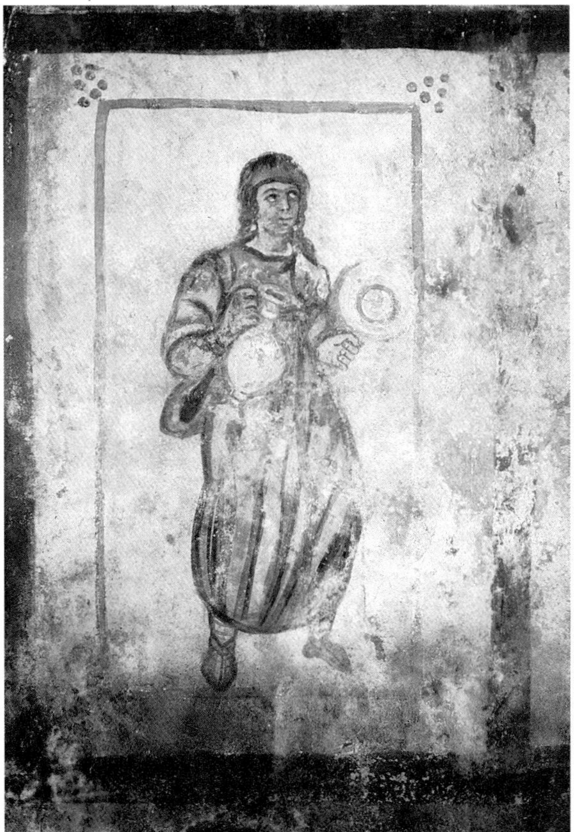

Abb. 38 Dienerfigur im Grabmal von Durostorum/Silistra (nach Aufnahme von R. PILLINGER)

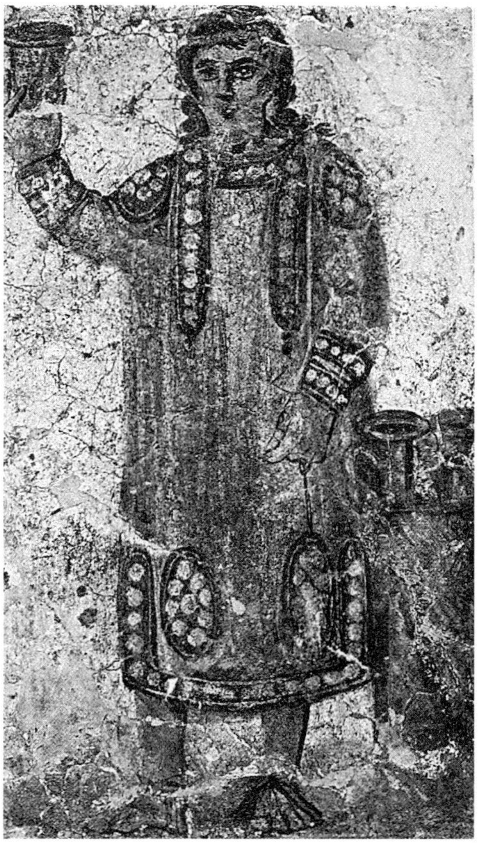

Abb. 39 Dienerfigur aus einem Haus auf dem Caelius in Rom, heute im Museo Nazionale von Neapel (nach Aufnahme von R. PILLINGER)

Abb. 40 und 41 a—c Siehe Farbtafeln

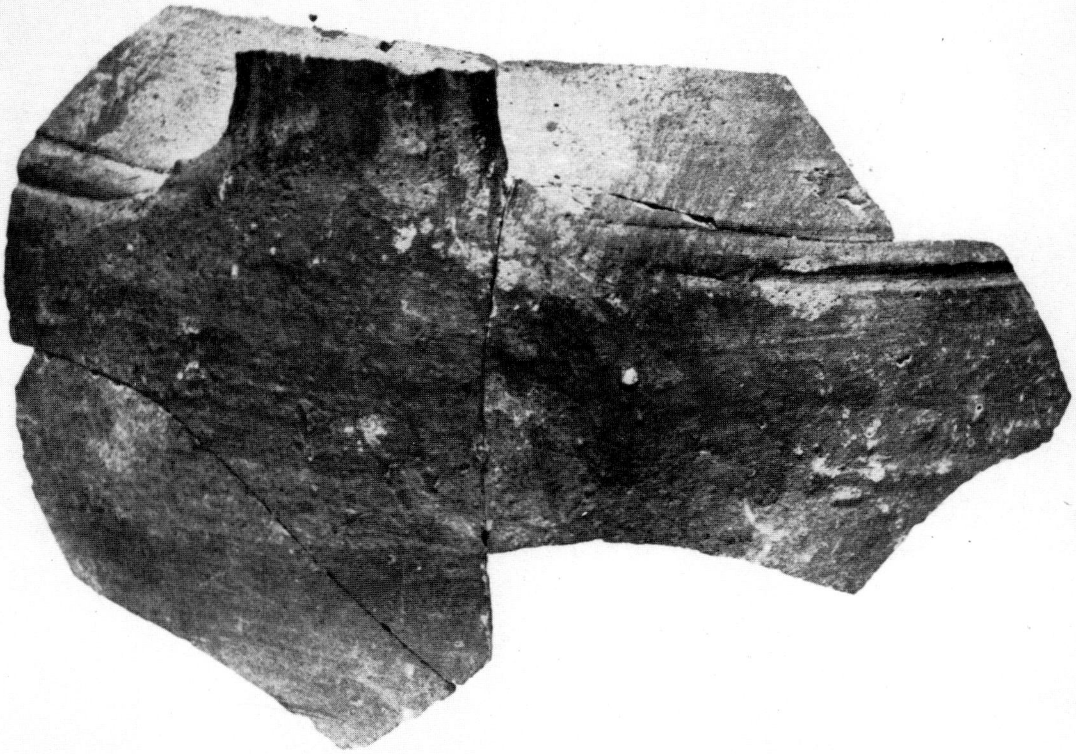

Abb. 42 Fragmente eines Tongefäßes aus dem Grab bei Ossenovo
(nach einem Photo des Historischen Kunstmuseums in Varna)

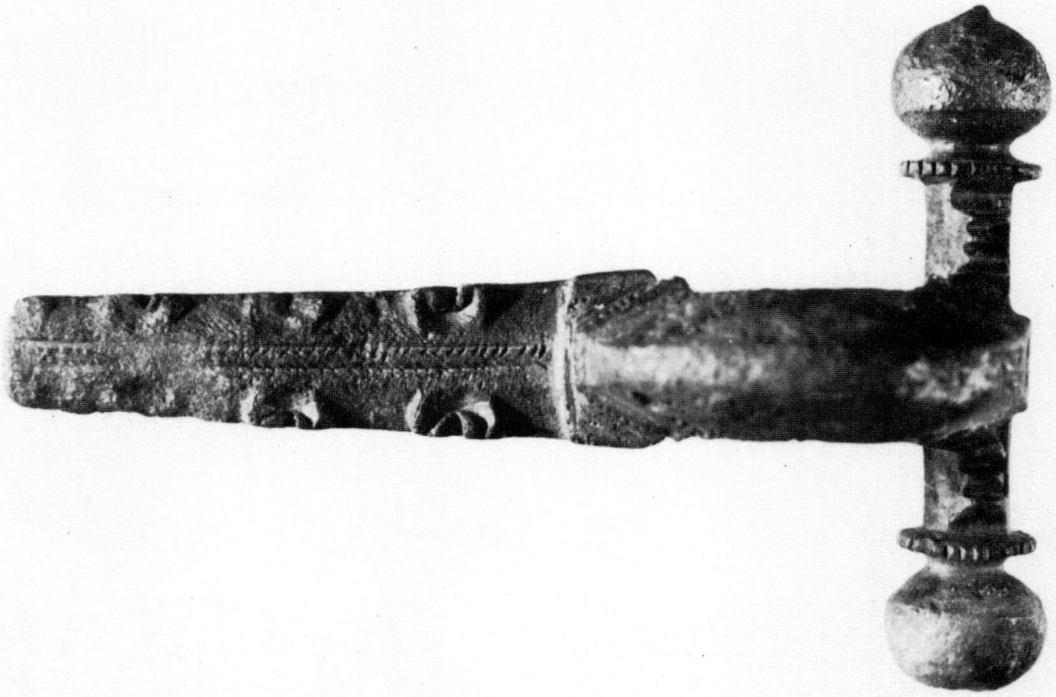

Abb. 43 Zwiebelknopffibel aus dem bemalten Grab bei Ossenovo
(nach einem Photo des Historischen Kunstmuseums in Varna)

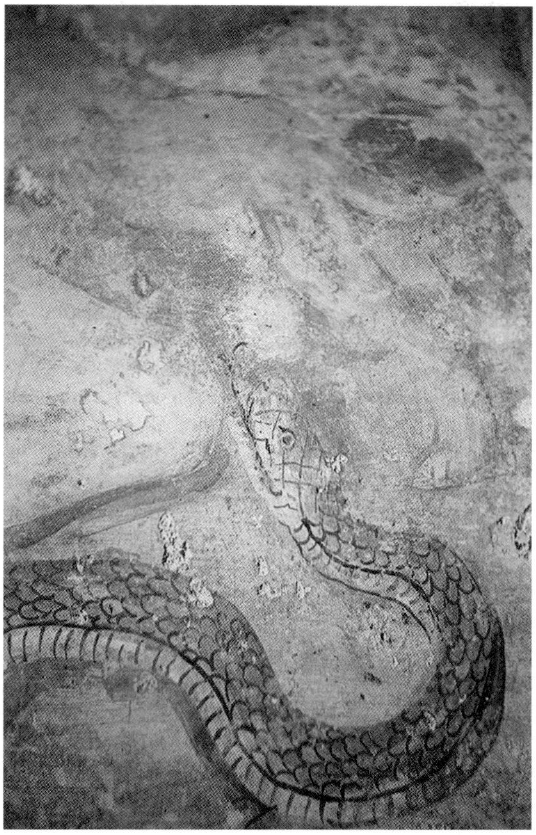

Abb. 47 Ausschnitt aus dem Kultbild im Mithräum von Capua Vetere (nach J. VERMASEREN, *Mithriaca I. The Mithraeum at S. Maria Capua Vetere*, Leiden 1971 [*EPRO* 16], pl. 5)

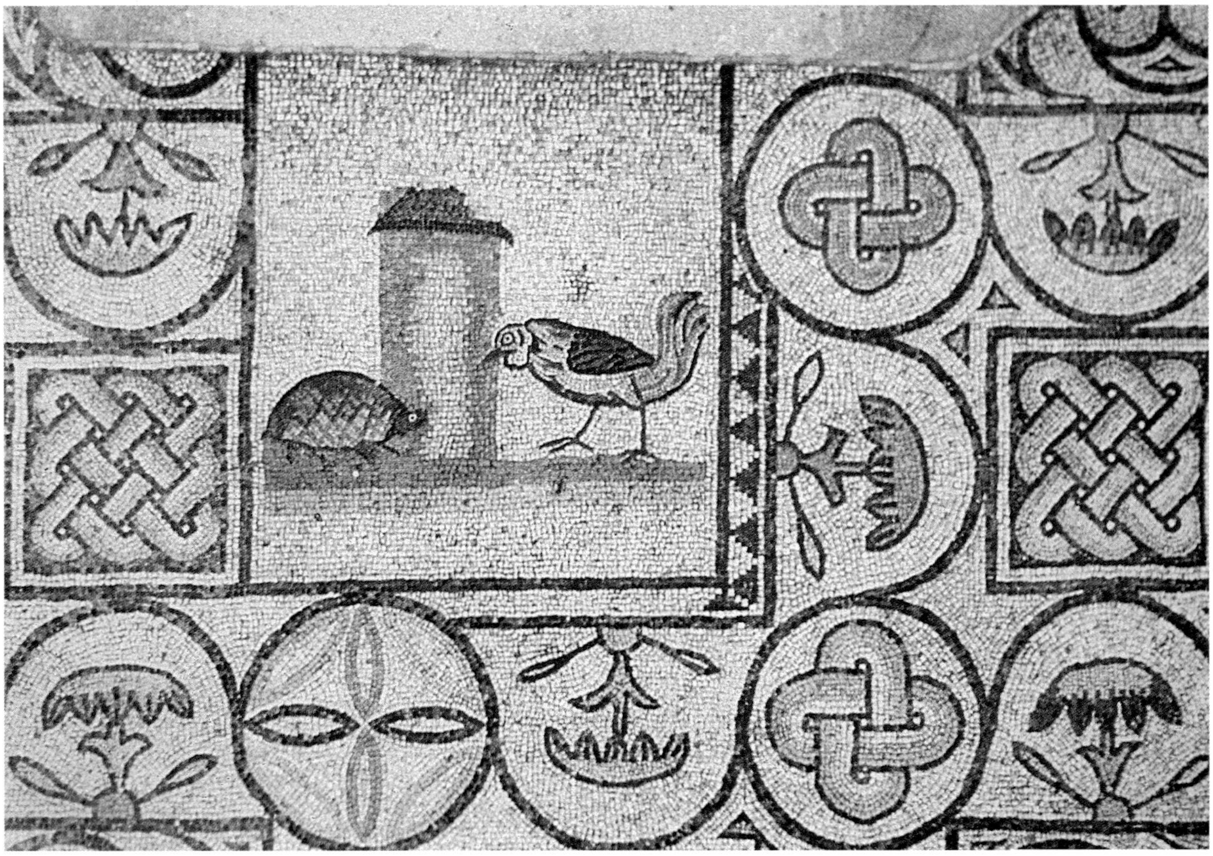

Abb. 48 Schildkröte und Hahn am frühchristlichen Mosaikfußboden im Dom von Aquileia (nach Aufnahme des Museums ebendort)

Abb. 49—51 Siehe Farbtafeln

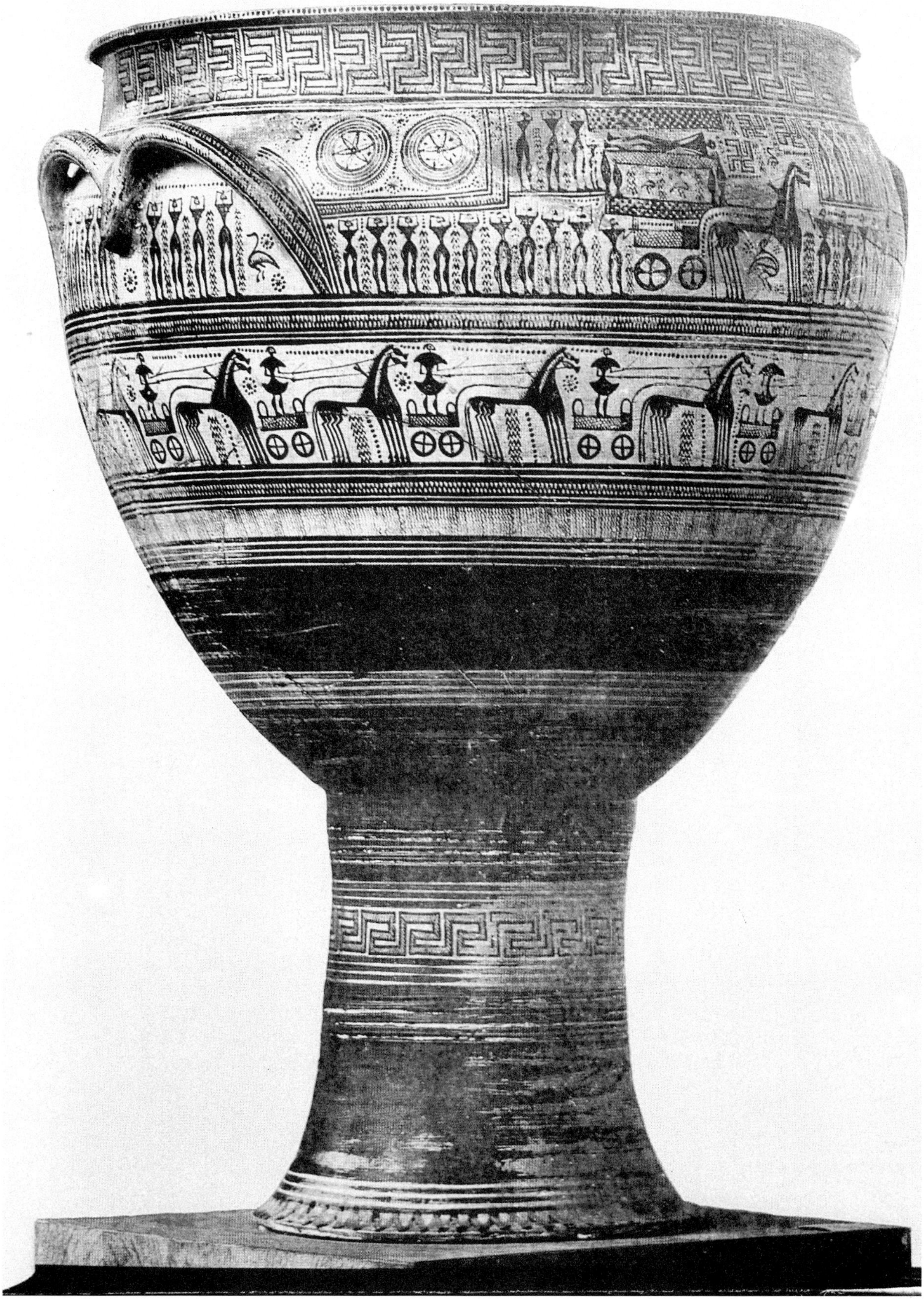

Abb. 52 Attisch-geometrischer Krater im Athener Nationalmuseum
(nach D. C. KURTZ - J. BOARDMAN, a. a. O., Abb. 8)

Farbtafeln

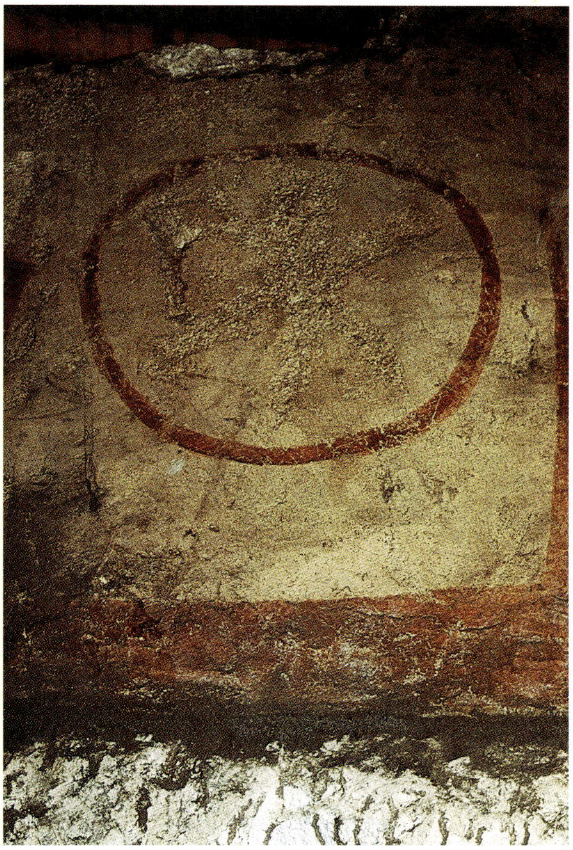

Abb. 15 Christogramm über dem Eingang innen an der Ostwand der Grabkammer bei Ossenovo (nach einer Aufnahme von P. GEORGIEV)

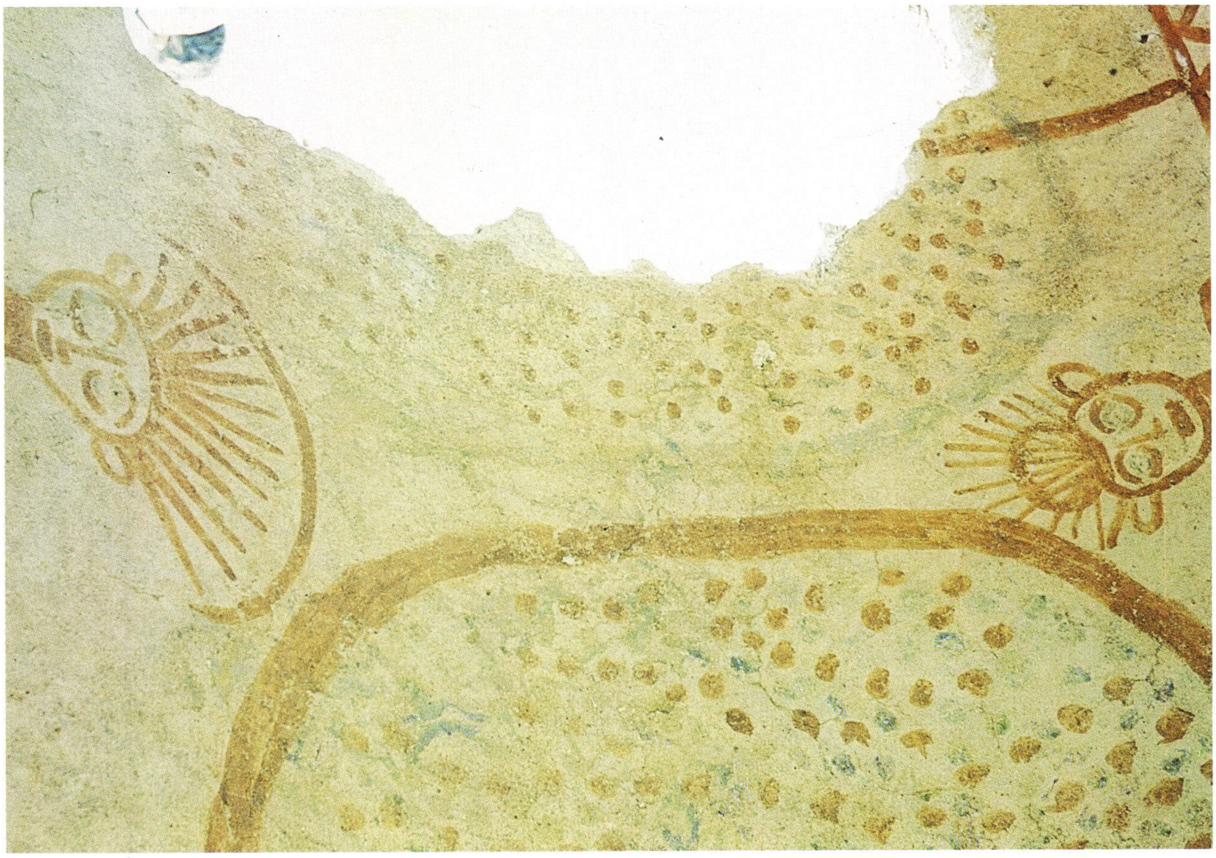

Abb. 16 Malerei am Gewölbe der Grabkammer bei Ossenovo (nach Aufnahme von R. PILLINGER)

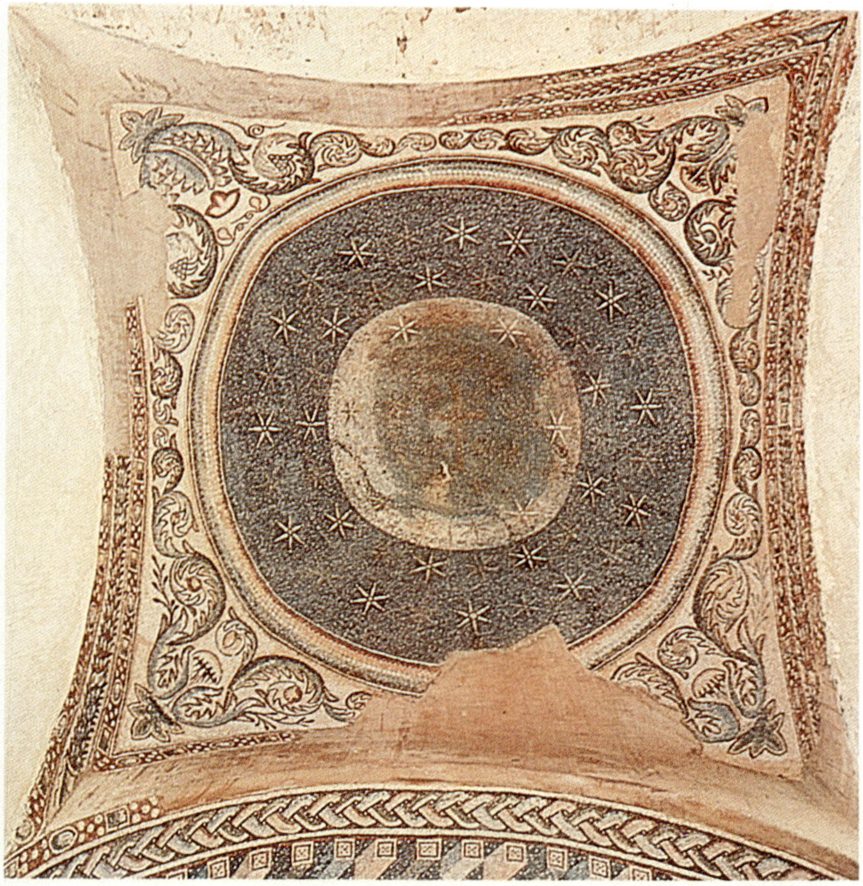

Abb. 17 Deckenmosaik von S. Maria della Croce in Casaranello (nach B. BRENK, a. a. O., Abb. 19 a)

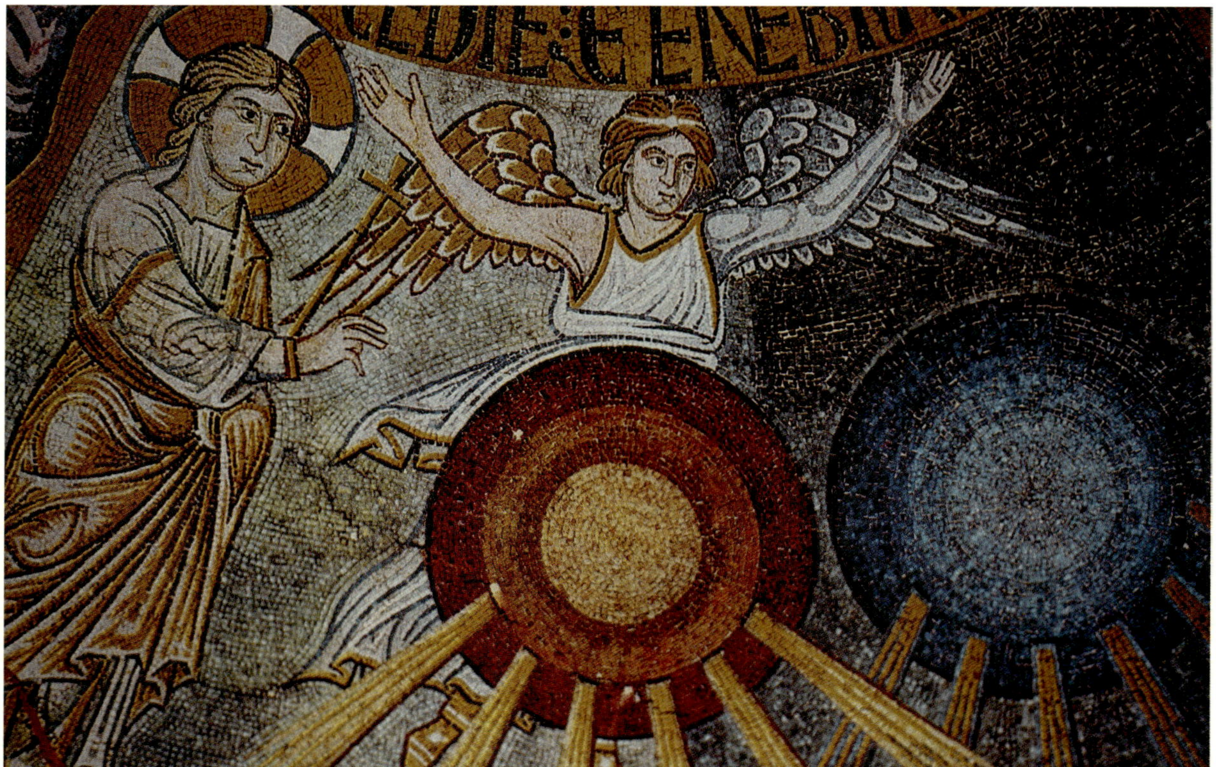

Abb. 18 Scheidung von Licht und Finsternis in der sogenannten Genesiskuppel von S. Marco in Venedig (nach Aufnahme von R. PILLINGER)

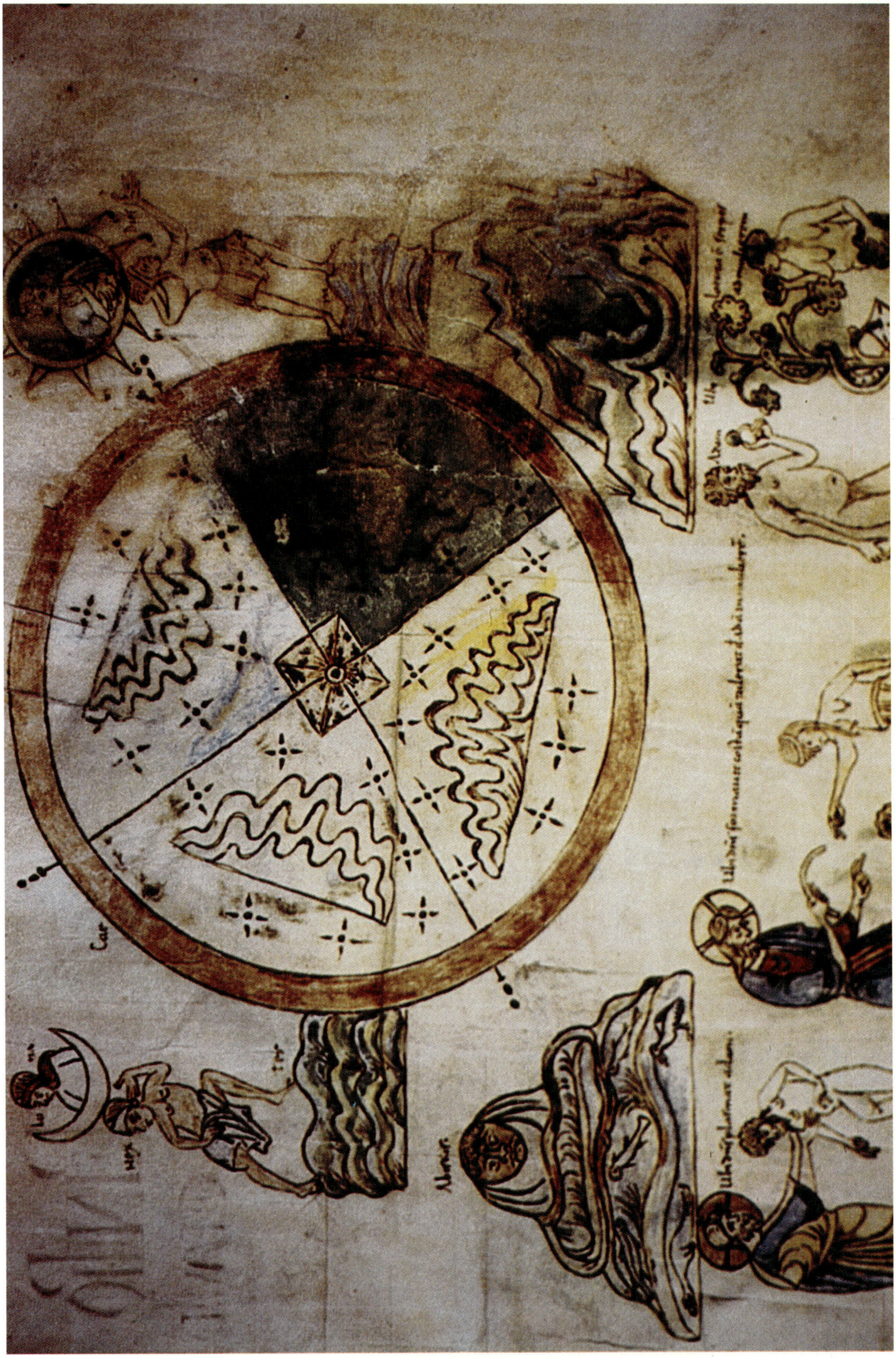

Abb. 20 F. 6 der Rodabibel (nach M. Bucci, *I primitivi Catalani*, Firenze 1965 [*Forma e Colore* 17], 29)

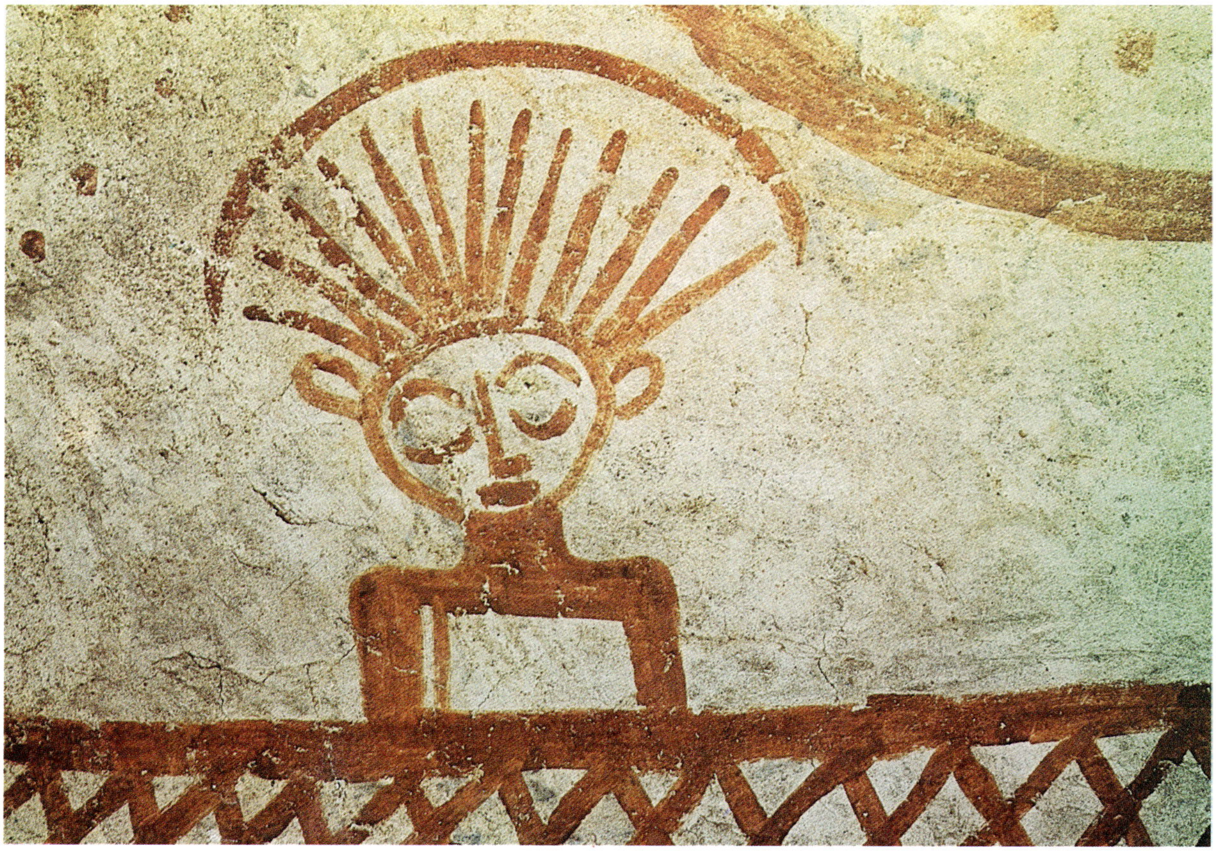

Abb. 21 Gemalte Büste an der Südseite des Gewölbes des Grabes bei Ossenovo
(nach einer Aufnahme von A. MINČEV)

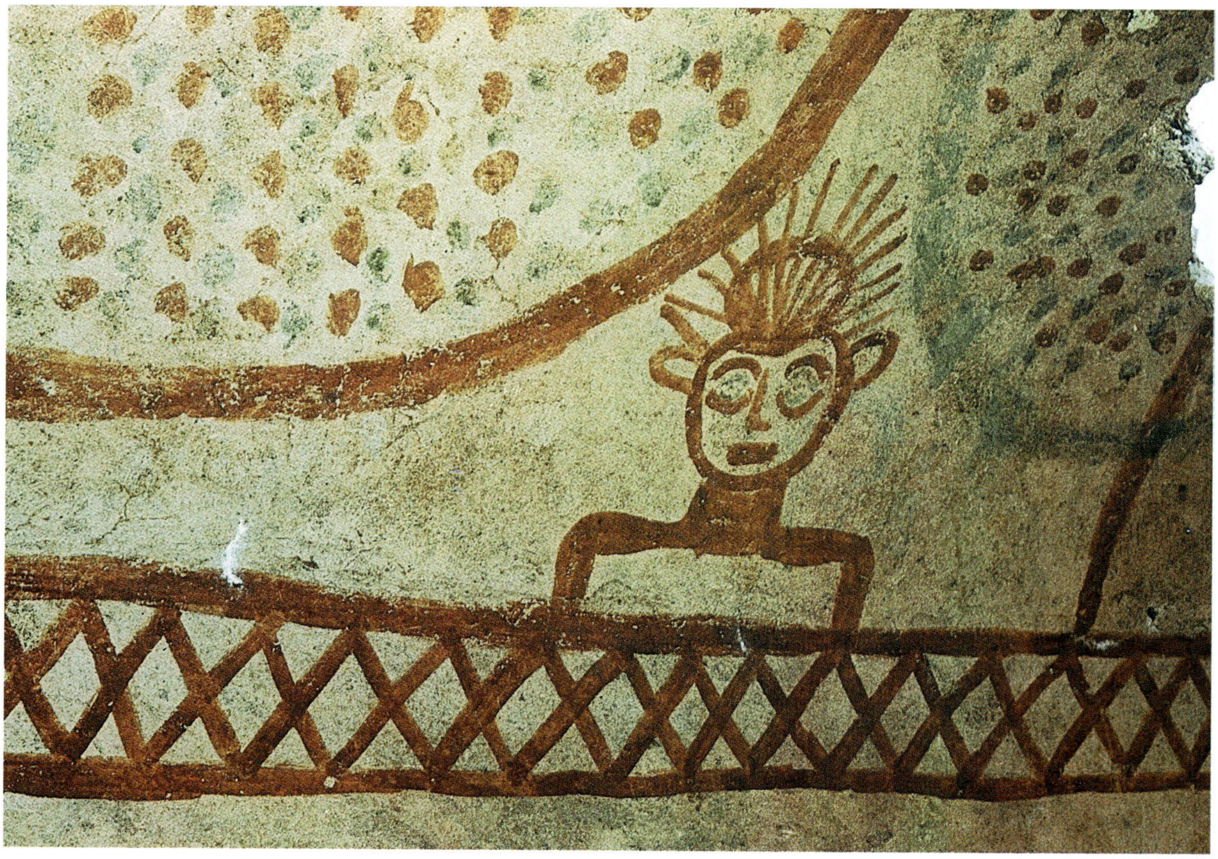

Abb. 22 Gemalte Büste an der Nordseite ebendort (nach einer Aufnahme von P. GEORGIEV)

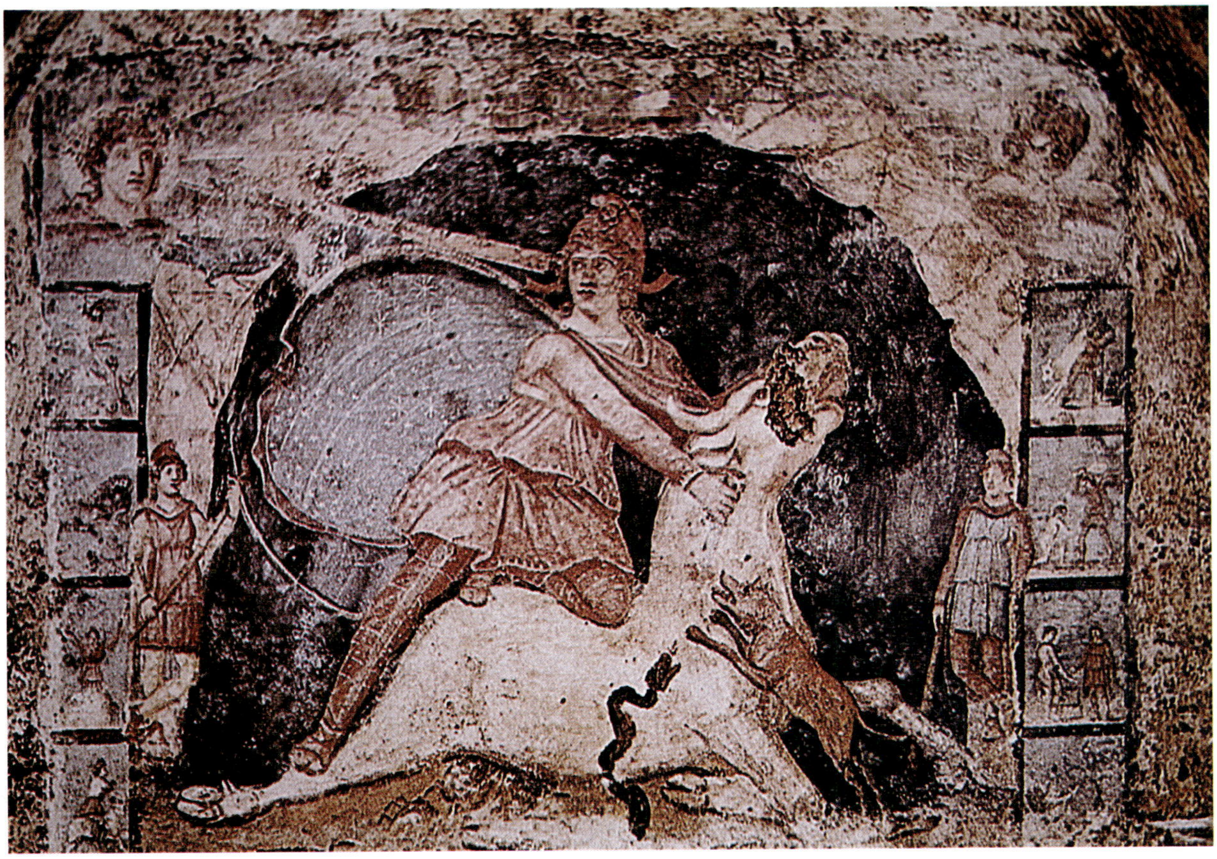

Abb. 23 Kultbild des Mithräums von Marino bei Rom
(nach E. SCHWERTHEIM, *Mithra*, *AW* Sondernummer 10 [1979] Abb. 41)

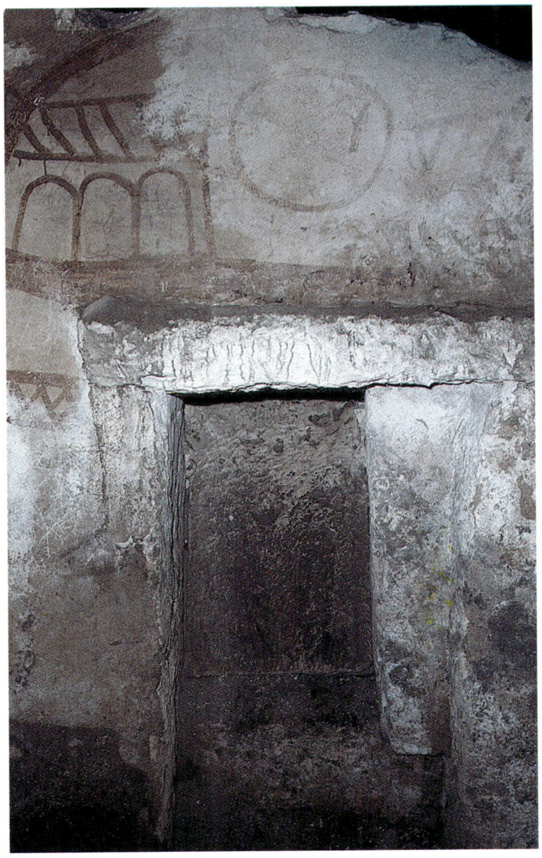

Abb. 27 Ostwand des Grabes bei Ossenovo (nach Aufnahme von R. PILLINGER)

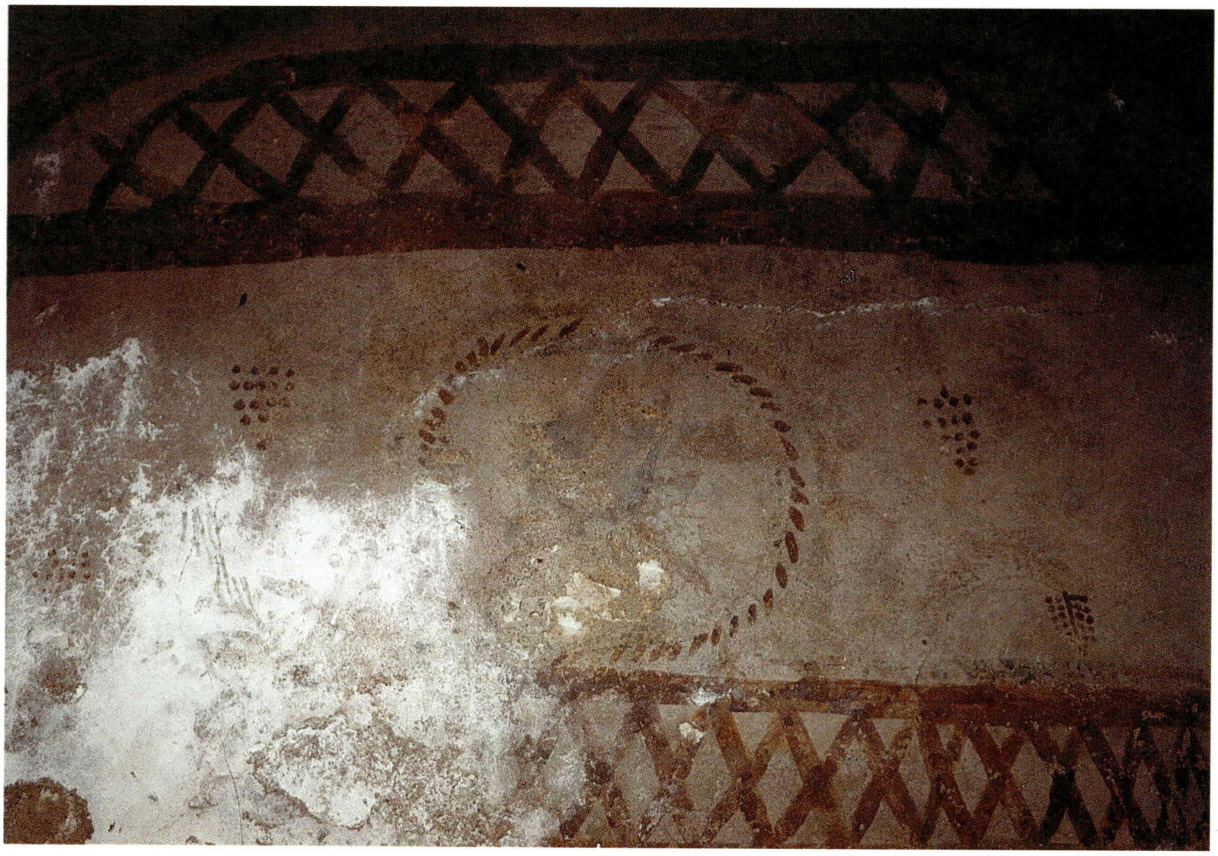

Abb. 28 Mittlere Bildzone an der Westwand ebendort (nach Aufnahme von R. PILLINGER)

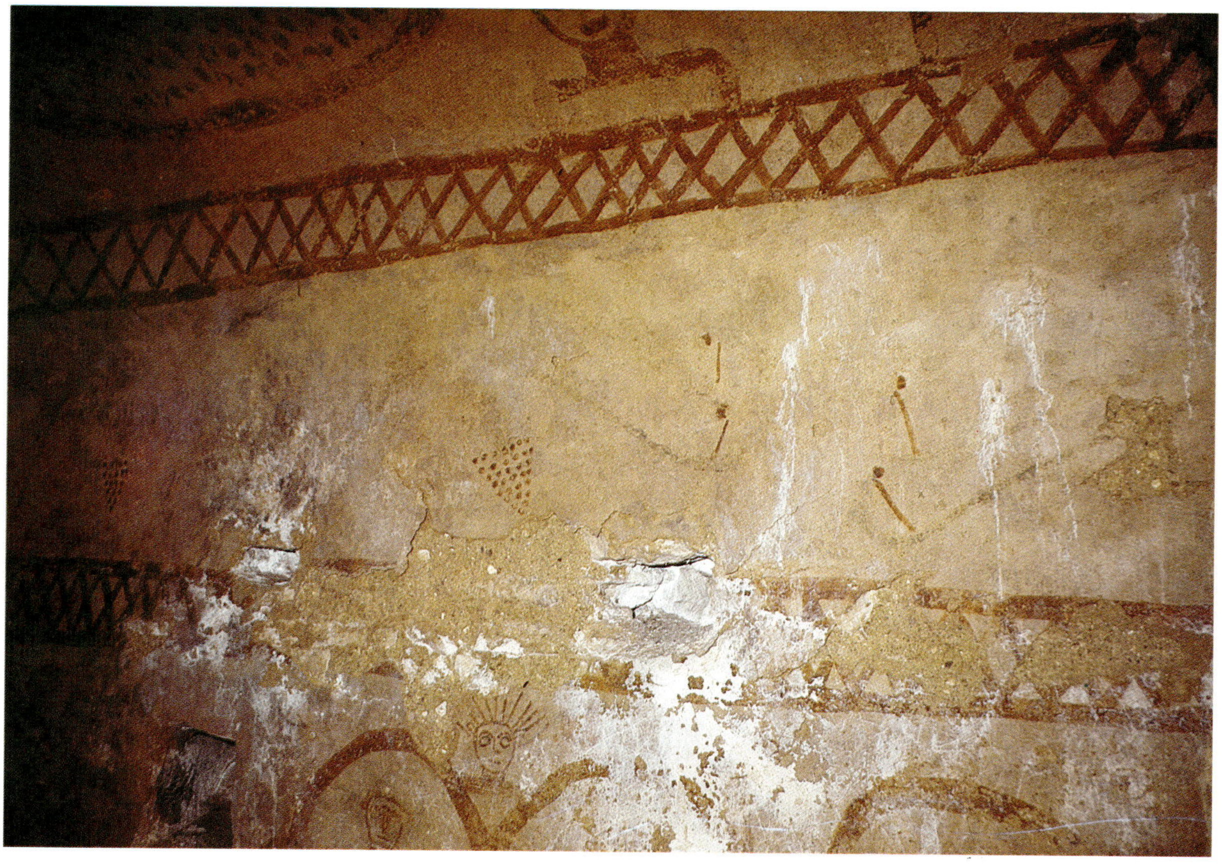

Abb. 29 Mittlere Bildzone an der Nordwand des Grabes bei Ossenovo (nach Aufnahme von R. PILLINGER)

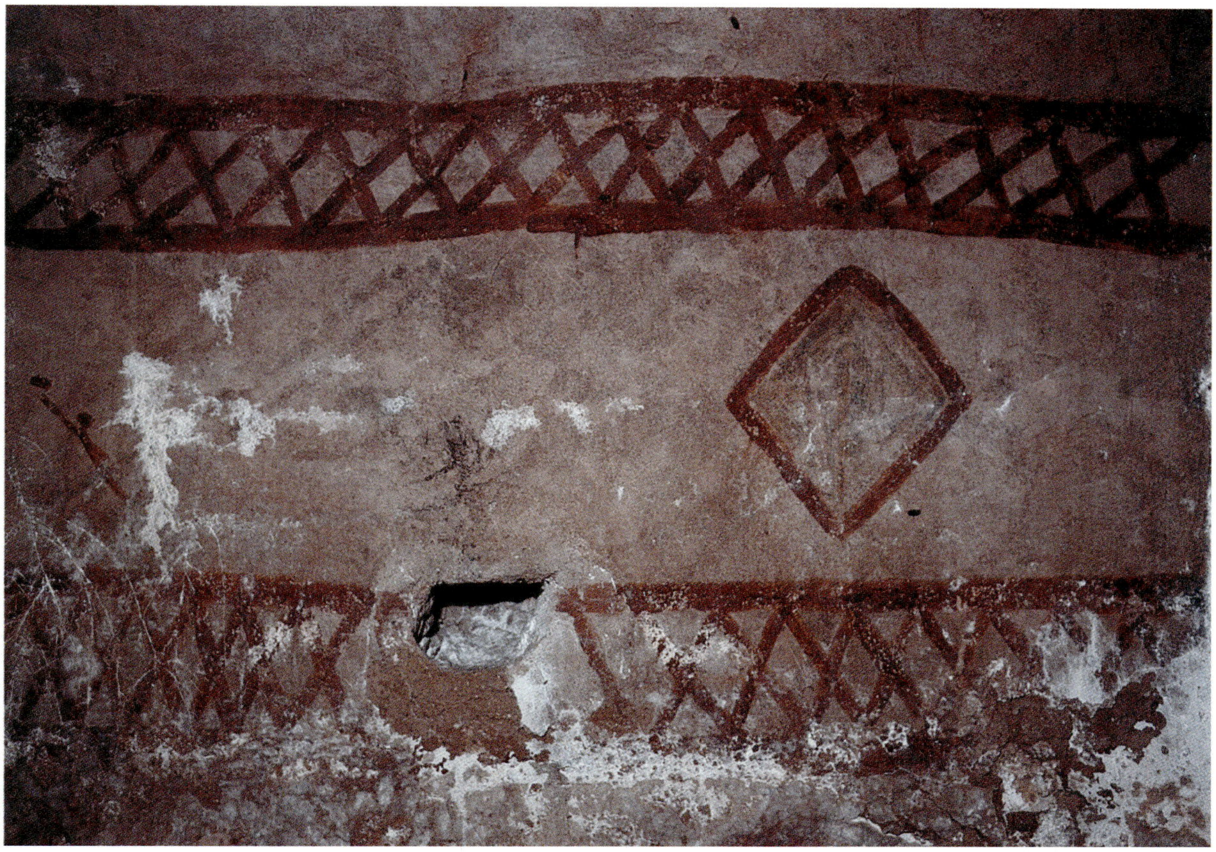

Abb. 31 Teil der mittleren Bildzone der Südwand des Grabes bei Ossenovo (nach Aufnahme von R. PILLINGER)

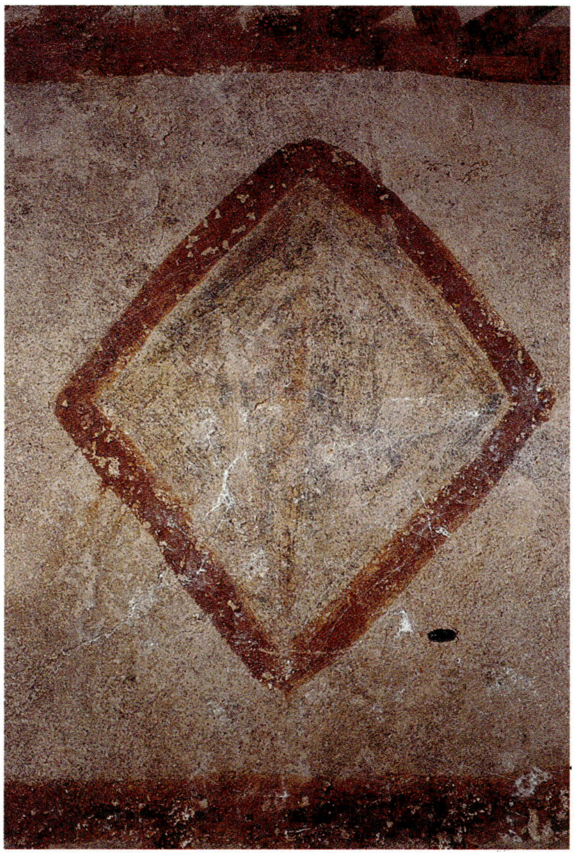

Abb. 34 Rhombus in der SW-Ecke der mittleren Bildzone des Grabes bei Ossenovo (nach Aufnahme von R. PILLINGER)

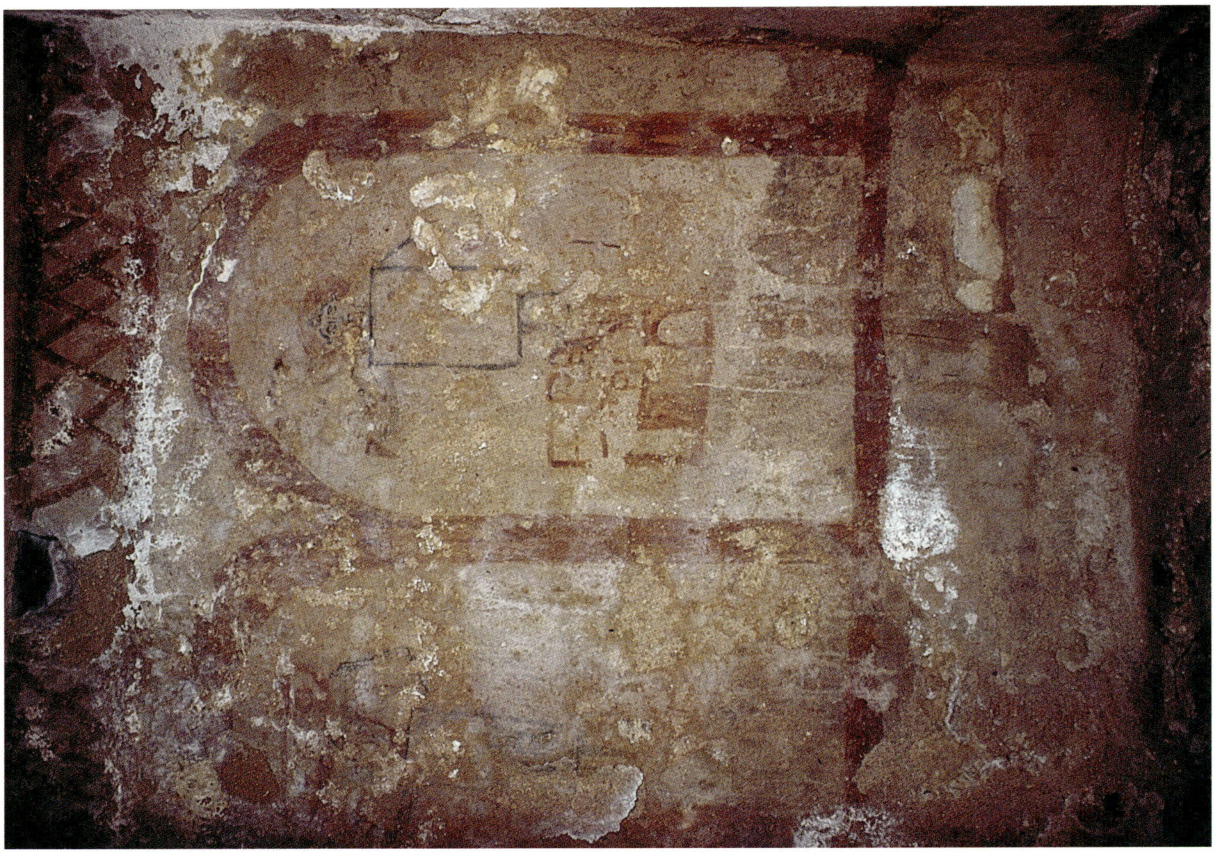

Abb. 36 Detail der Südwand des Grabes bei Ossenovo (nach Aufnahme von R. Pillinger)

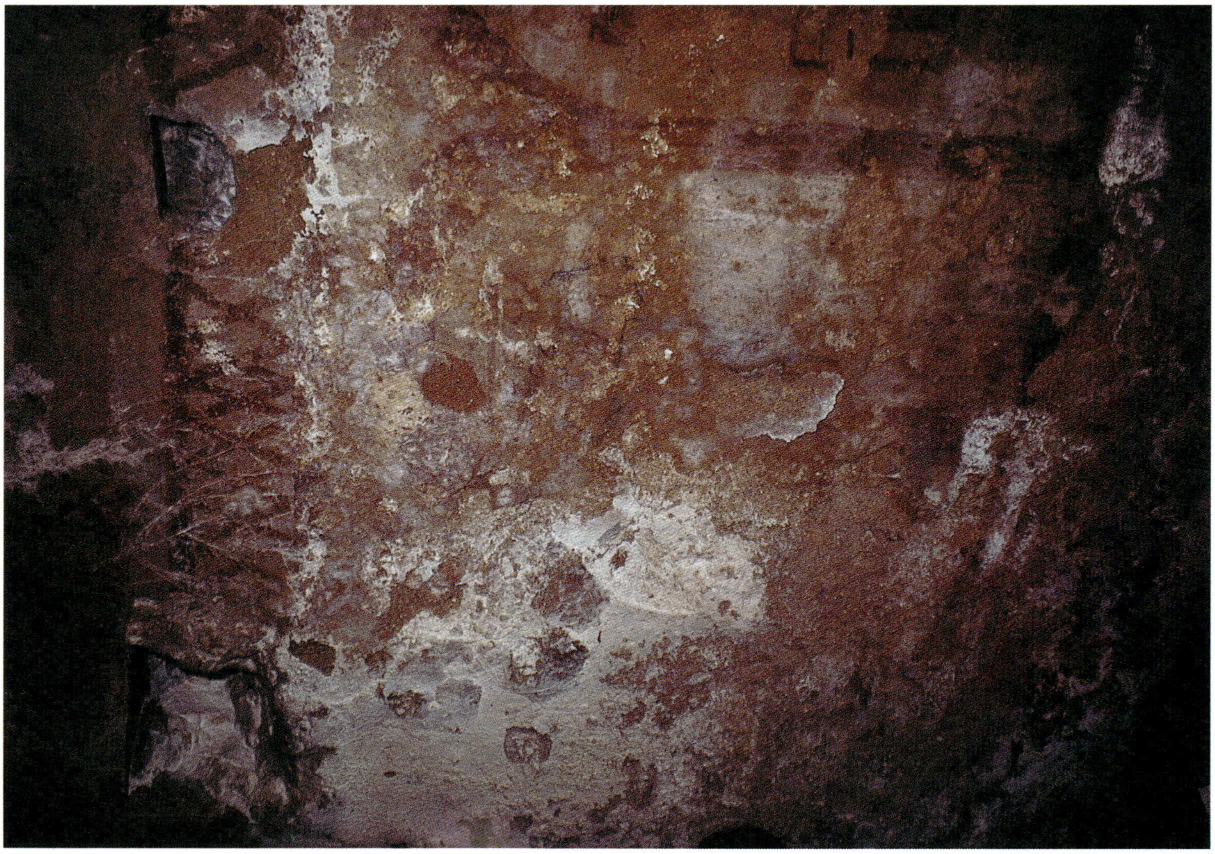

Abb. 35 Südwand des Grabes bei Ossenovo (nach Aufnahme von R. Pillinger)

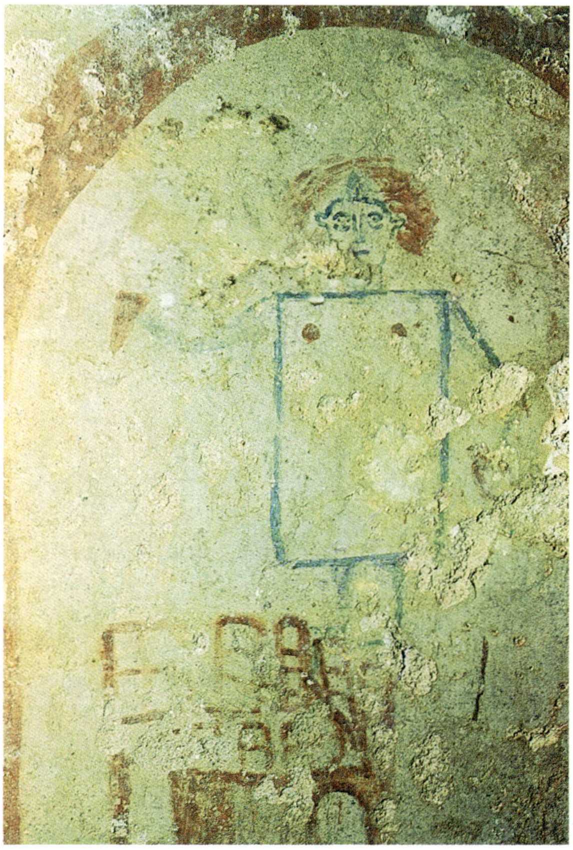

Abb. 37 Zweite Frauengestalt an der Südwand des Grabes bei Ossenovo (nach einer Aufnahme von A. Minčev)

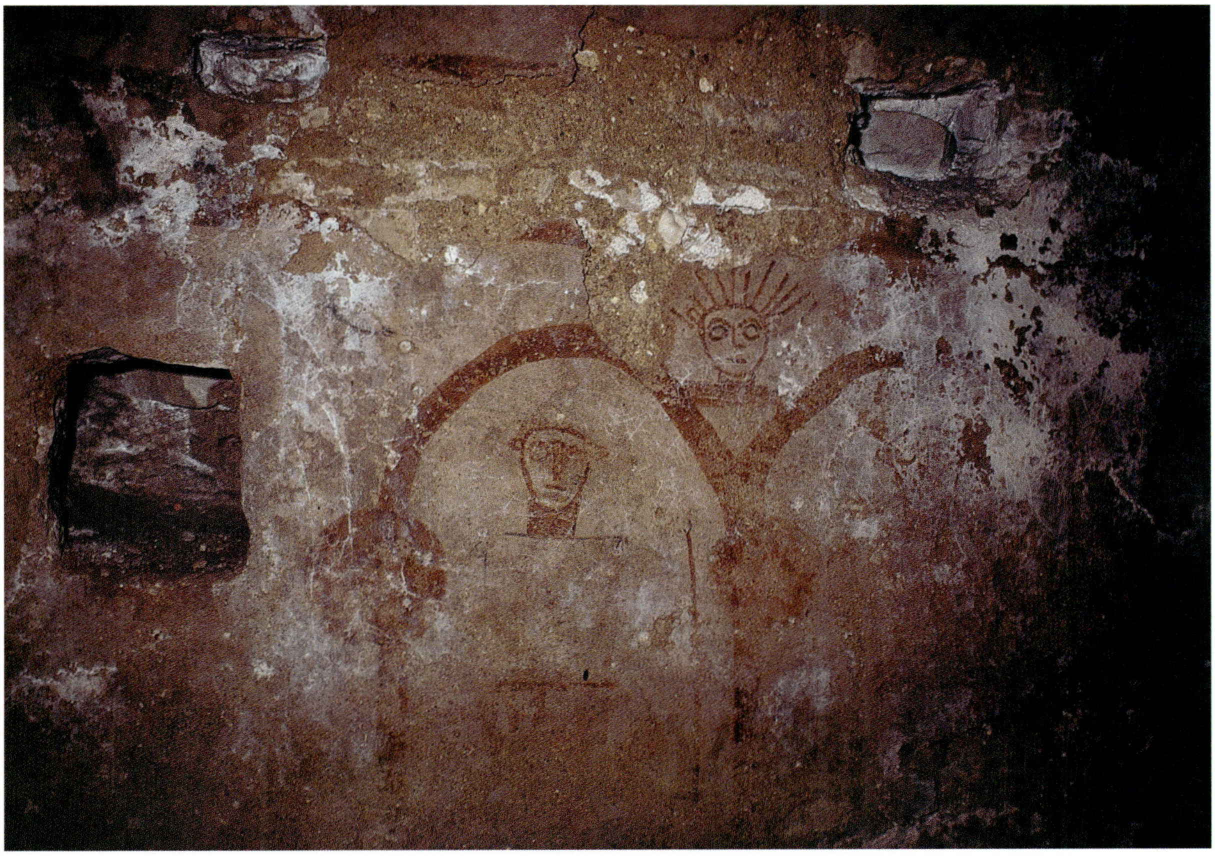

Abb. 40 Nordwand des Grabes bei Ossenovo (nach Aufnahme von R. Pillinger)

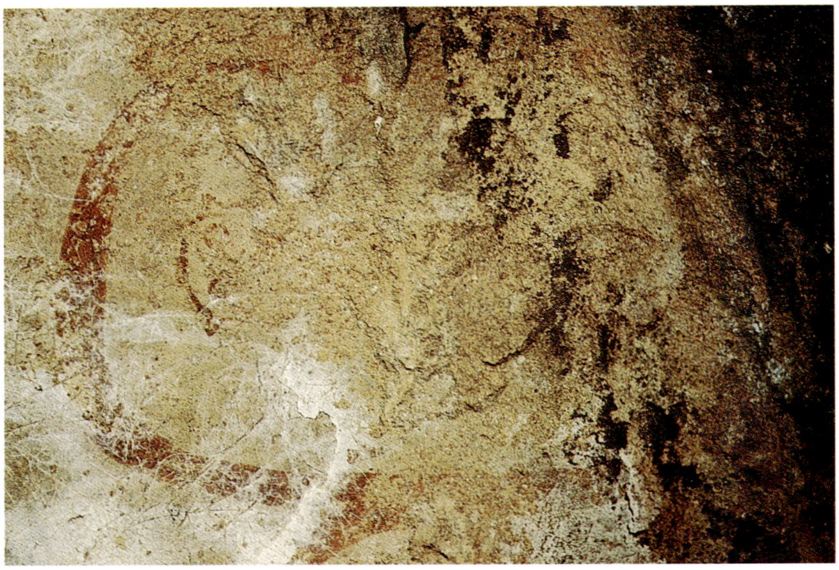

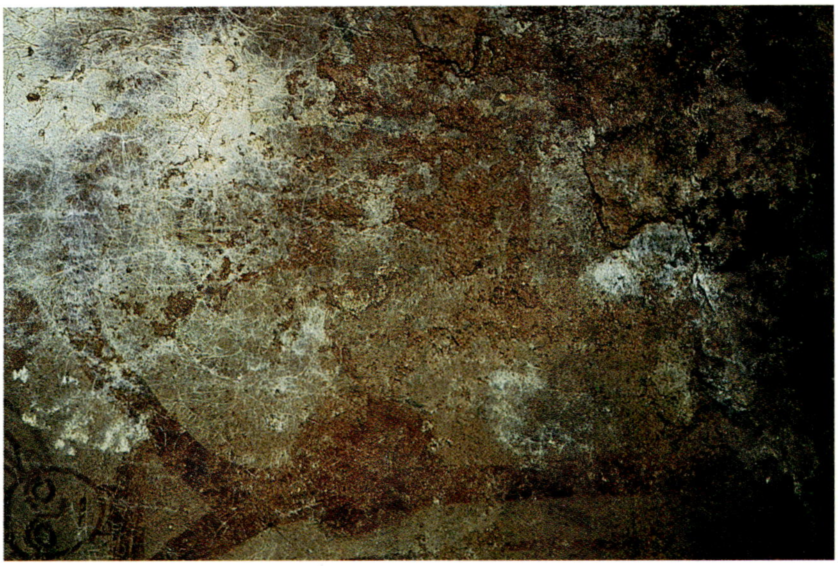

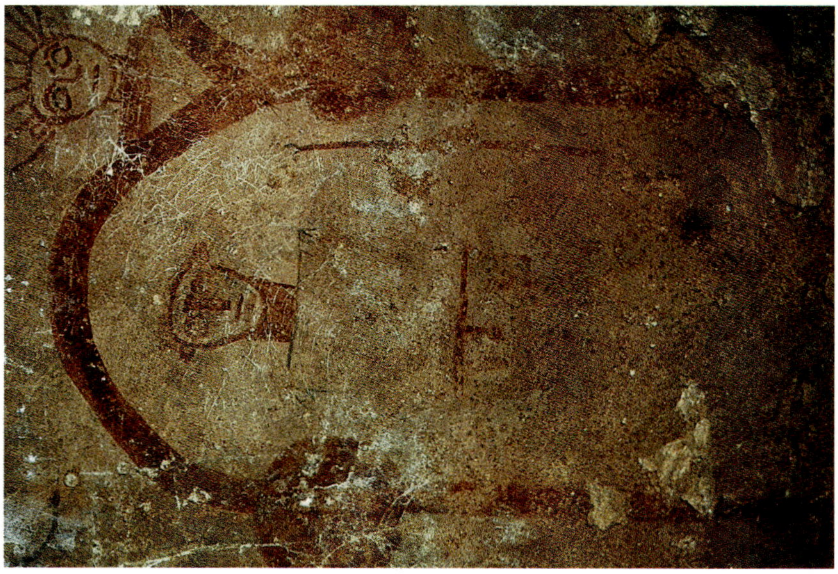

Abb. 41 a—c Details der Abb. 40: Krieger (nach Aufnahmen von P. GEORGIEV)

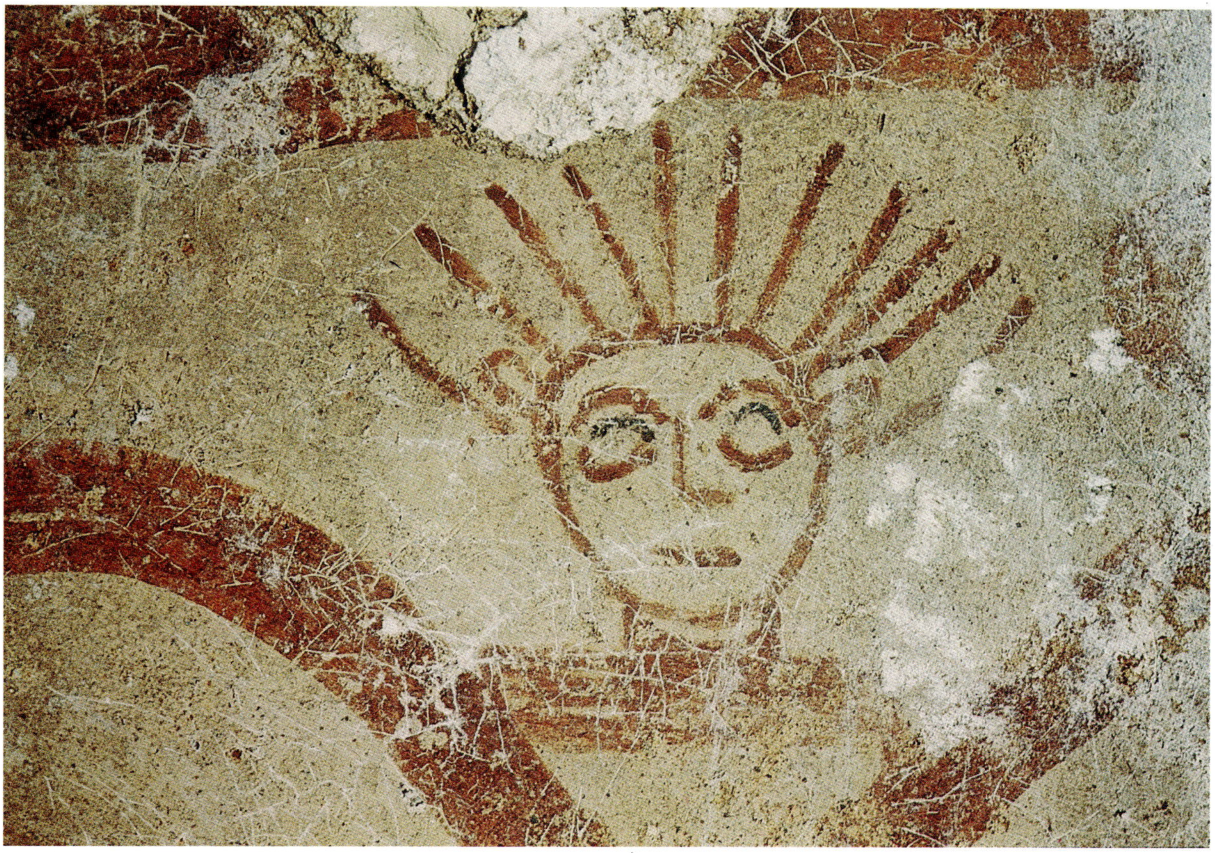

Abb. 44 Gemalte Büste an der Nordwand des Grabes bei Ossenovo (nach einer Aufnahme von A. MINČEV)

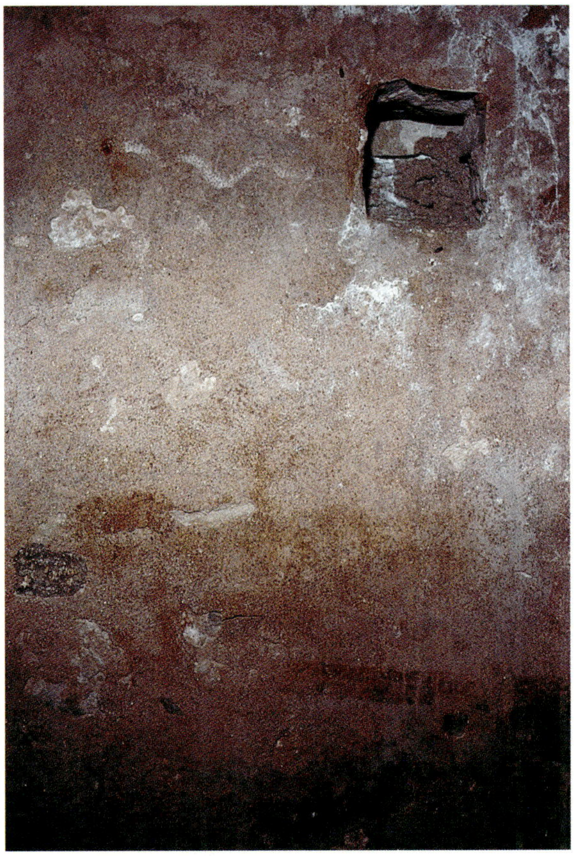

Abb. 45 Westlichstes Feld der Nordwand ebendort (nach Aufnahme von R. PILLINGER)

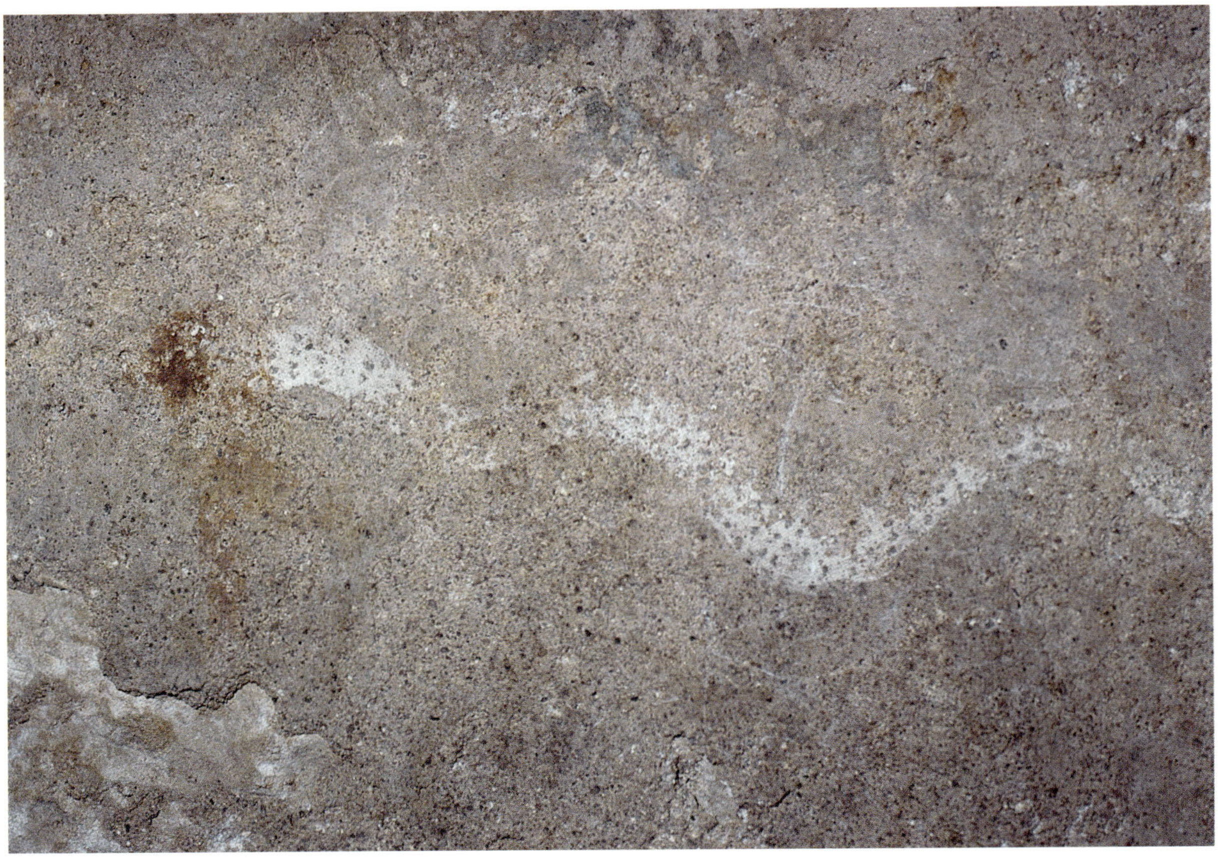

Abb. 46 Detail der Abb. 45: Schlange (nach Aufnahme von R. PILLINGER)

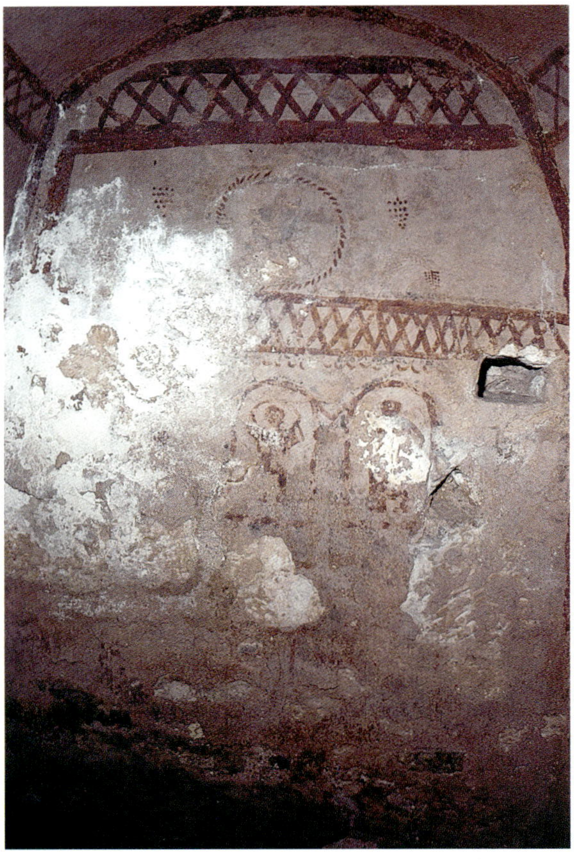

Abb. 49 Westwand des Grabes bei Ossenovo (nach Aufnahme von R. PILLINGER)

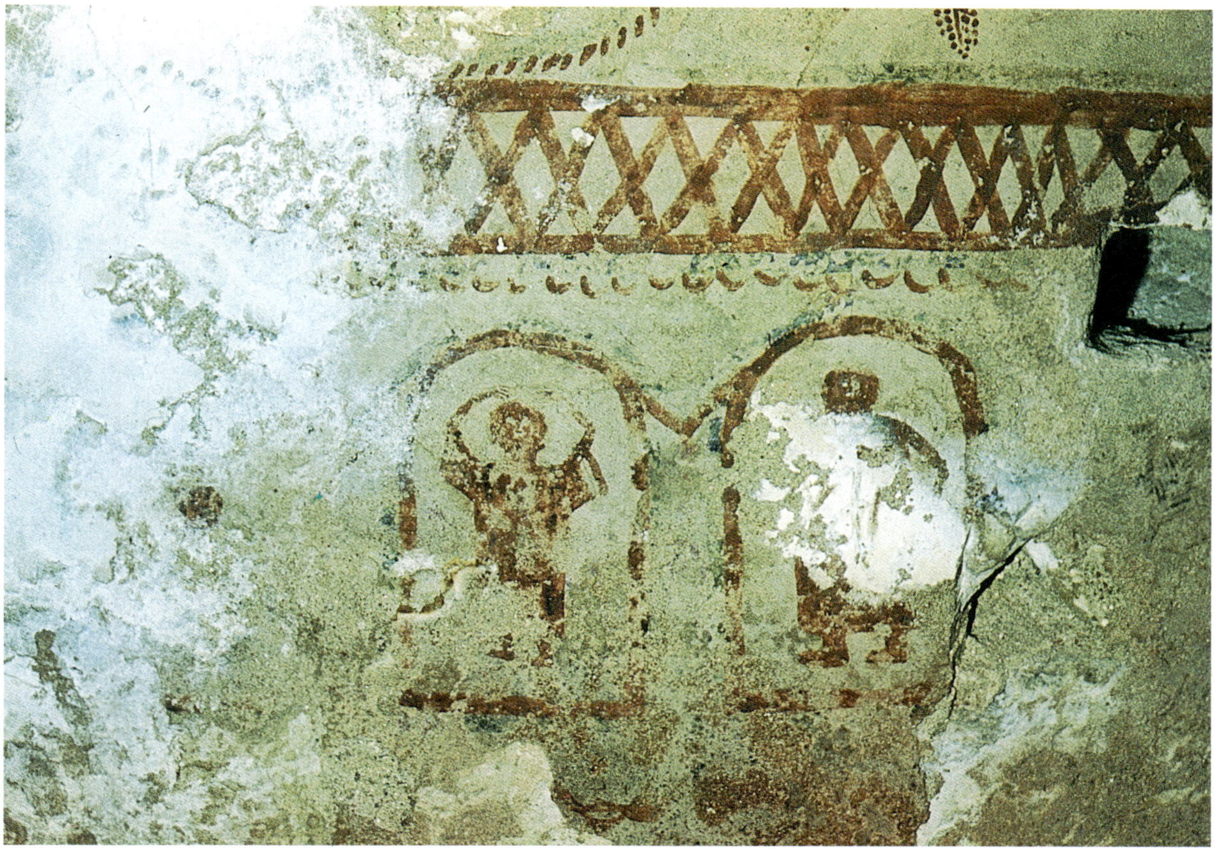

Abb. 50 Detail der Abb. 49 (nach einer Aufnahme von P. GEORGIEV)

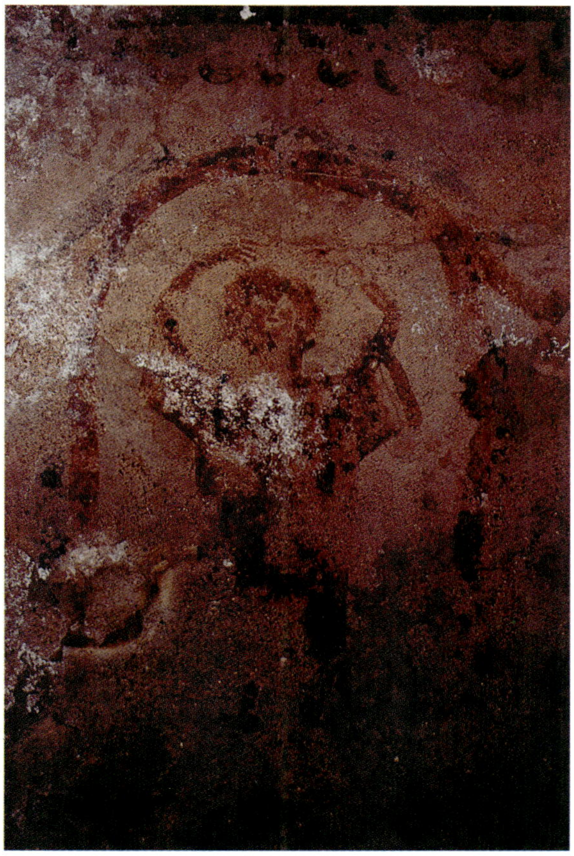

Abb. 51 Detail der Abb. 50: Darstellung der Frau (nach Aufnahme von R. PILLINGER)

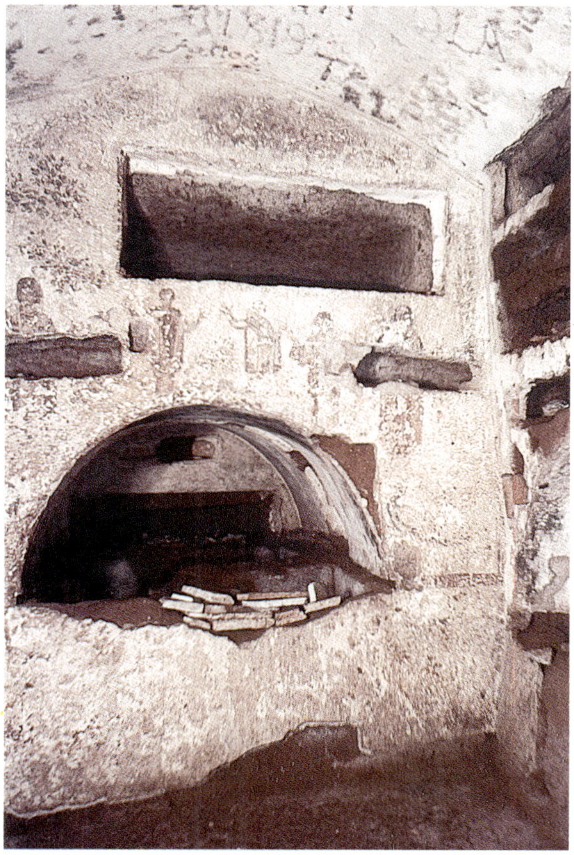

Abb. 53 Rom, Kallistkatakombe: fünf Verstorbene im Paradiesesgarten (nach einer Aufnahme der PCAS)